社員の幸せを創る経営

神山典士
Kohyama Norio

幻冬舎MC

社員の幸せを創る経営

はじめに

「ああ、下関の長府工産ですね。知ってますよ。社員を大切にしてくれることで有名です。就職希望者も多いと聞いてますよ」

たまたま訪ねた北九州市で、そう語る主婦に出会った。娘の就職活動中に、会社の名前と評判を聞いたのだという。

山口県下関市とは関門海峡を隔てた九州の地で聞いたこともあって、その評判の高さに私は驚いた。

あるいは建設関係者からはこんな声も聞いた。

「家庭用のエコ給湯器や太陽光関連の現場で長府工産の営業マンがいたら、他社の営業は厄介だなと感じると聞いたことがあります」

なんでも、よく勉強していて、とても競争が大変だと分かっているからだそうだ。

そんなすごい会社があるのか？　いったいどんな方針で経営されているのか？　どんな

実績があってそれほどの評判になったのか？

私と長府工産の出会いは、そんな市井の声だった。

だが調べてみると、長府工産の歩みはとても一筋縄ではいかない、実に複雑なものだった。

長府工産は、今から14年前の2007年当時の社長の高齢化と後継者不在の状態で業績は低迷、社員は何人も退職していき会社に残った社員も不安のどん底にあった。

最大の理由は「市場の変化に耐えられなかった」こと。1980年の創業以来手掛けてきた石油給湯機の需要が減退しているにもかかわらず、次の商材への切り替えがスムーズにできなかったのだ。

これは現在、どの業界でもどの企業でも大きな課題だ。従来では考えられないようなスピードで変化するマーケット。次々と登場する新たな社会システムや社会インフラ。人々の意識も地球規模でめまぐるしく変わり、自然環境の保護や地球を守る観点から、これまで人類を支えてきた化石エネルギーは産業界の主役から降りようとしている。

そのとき企業はどう身を守るのか？

経営者はなにを指針に組織のベクトルを決めるのか？

社員はなにを考え、なにを信じて次の一歩を踏み出すのか？

企業が生き残るためのポイントは、国内外の政治の動向や人々の意識の変化、大災害を含む自然環境の変化などすべての情報を分析したうえで「決断」すること。他社の後追いをしたり市場の人気に左右されたりするのではなく、自分たち自身で進むべき道を決めること。

長府工産が幸運だったのは、その「決断力」のある新しい経営者と、どん底のときに出会ったことだった。

いや、「出会った」というのは間違いだ。実はその人物はかつて社内にいた。社内にいて当時の経営に苦虫を噛みつぶしながら、その経営者を守るために必死に働き、自分ならこうするのにという思いを抱えながらも耐えていた。

残念ながら当時の経営者にその思いは通じず、彼は一度退職の道を歩む。齢62歳。以降好きなジャズを聴きながら、愛妻と二人、悠々自適の人生を歩むつもりだった。読み込んでいたビジネス関連の本はすべて処分し、車を買い換え、親しいミュージシャンを呼んでジャズコンサートを企画して仲間と楽しむ毎日。

だがその男が長府工産にふたたびやってきたことで、長府工産は「蘇生」に向かって舵を切る。

なぜ出会ったのか？　男はどうやってなにを改革したのか？　社員たちはどう変わったのか？

その詳細は、本書を読んでいただくしかない。

一つだけ書いておこう。

男は長府工産の経営を引き受けるときに、ある条件を出した。

「私は無給で働く」

その言葉に前経営者も経営幹部も社員も、一様に言葉にならないほど驚いたという。当たり前だ。どこの世界に無給で、ボランティアで、どん底の会社を浮上させるという激務を引き受ける者がいるのか？

周囲と家族の必死の説得を受けて、男は長府工産の当時の社長の給与が最低のときの半額を受け取ることを納得したのだが、そのとき男が言いたかったのは「無給」がポイントではなかった。

男が社員に伝えたかったのは、「仕事」に対する姿勢であり、仕事を通して自分自身を表現する「生き方」だった。「一生懸命働くことは楽しい」という、それまでの人生でこの男が会得した「生きざま」だった。

一生懸命働けば時間はあっという間に過ぎる。一生懸命働けばお客さまから「ありがとう」の言葉をいただける。日々自分自身を磨き続ければ、家族を幸せにでき自分自身も大きな喜びが得られる。仲間ができ、責任ももてる。

そうやって一人ひとりが当たり前のことを当たり前に自覚して生きていけば、みんなが幸せになれる。一人ひとりが輝ける。

そんな会社を作ろうじゃないか。

それが男のたった一つのメッセージだったのだ。

その日から12年。２０１９年度の長府工産の売上は、設立以来最高額を記録した。その数字だけでなく、社員たち一人ひとりは、冒頭に記したような評価を誇りに、実にいきいきとした笑顔のなかで働いている。

長府工産はどこまで歩んできて、今、なにを目指そうとしているのか？

社員一人ひとりがどう生きて、なにを喜びとしているのか？

そしてその男は今、なにを考えなにを後進に託そうとしているのか？

私は本書でそのことを記そうと思っている。

これはささやかではあるけれど、一つの奇跡の物語だ。

社員の幸せを創る経営　目次

第3章 優しさと厳しさが共存する「社員ファースト」の大改革

第4章　機械にも人にも積極的に投資し、士気が下がった工場を立て直す

第5章　「ファーストコールカンパニー」を目指して ――現場第一の徹底で業績が飛躍的にアップ

第6章 会社は誰のものか？——全員株主という理想

プロローグ

地元の高校で
就職人気急上昇！
若手がいきいき働く
“ホワイト”な職場

女性工員たちの喜々とした働きぶり

「高校の担任の先生がいい会社に入れたねと褒めてくれました。確かに他社に比べると福利厚生や保険、休みやお給料もだいぶいいと思います。なによりも入社したときに最初のお給料をもらったら、募集要項に書いてあった金額よりも多くてびっくりしました」

長府工産亀浜工場で働く山本杏奈さん（仮名）は、工場二階の会議室でそう言って笑顔を見せた。

一階のフロアからは大きな機械が動くノイズがひっきりなしに聞こえている。彼女が着ているのは工員服（作業服）。汚れてはいないけれど、20代前半の女性が着て働くには決して「ふさわしい服」ではないのではと私は思っていた。

ところが彼女の笑顔はストレートだ。決して取材を受ける者として会社から選ばれた（?）から会社に都合のいいようなことばかり言っているとは思えない。

しかも彼女はすでに母親でもあるという。1歳7カ月の子どもを保育所に預けてこの会社に通っている。両親の家の近くにアパートを借りて、7時に二人で家を出て保育所に行き、子どもを預けて7時30分に工場に到着。8時から17時5分の定時まで働き、17時30分には保育園にお迎えに行く。

そんな毎日だ。でも、と彼女は続ける。

「私に近い世代の女性工員で子どもがいるのは私だけじゃありません。ここ数年は毎年一人高卒の女性工員を採用していて、10代・20代の女性は7人います。そのうち3人がママさんです」

なんと……!! 新卒で入社してママになっても働いているということは、妊娠期には身体に優しい仕事を与えられ、出産育児休暇がきちんとあり、それを終えると復職できるシステムがあるということだ。

それがどれだけすばらしいことか！　それは国税庁の発表するデータに現れている。

「民間給与実態統計調査（2018年）」によると、日本の給与所得者数は5026万人で女性は41％。女性の平均給与は293万円と男性の54％に過ぎず、非正規の比率は男性が12％に対して女性は39％もいる。

正規社員であっても、結婚や妊娠で退職した後は、正規ではなく非正規であってもなかなか復帰しにくいシステムになっていて、女性の職域は、人との接触を伴う医療・福祉、小売り、飲食サービスなどコロナの感染リスクにさらされる産業が多い。

つまりコロナ禍でも圧倒的に「心理的負担」にさらされているのは女性社員であり、妊娠出産育児という女性には当たり前の（さらに言えばこの国の未来を形成する）出来事であっても仕事を奪われる原因になるという、非常に理不尽な現実がある。

それに対して長府工産では、山本さんの例だけでなく、妊娠出産育児を経た女性でも当たり前に復職している。通常は女性でも男性と同じ仕事（溶接、組み立て等）が与えられるが、妊娠期には身体に優しい仕事に配置転換になるという。

上司からも「出産を終えたら戻っておいで」と当たり前に声をかけられ、ほかの工員たちもそれが普通のことと受け入れている。

こんなすばらしい企業がそうそうあるだろうか？

さらに別の女性工員に聞いても、次のような言葉が返ってきた。

「工場内のいちばんいい場所に女性トイレがあり、私たちの希望で室内はホテルのトイレみたいに居心地よくできています」

やりがいや働きやすさを笑顔で語ってくれた

「作業服のズボンの色を変えてもらいました。来年は上着ももっとかわいいものに変えてもらうつもりです」

「男性と同じ仕事は当初はきついなと思いました。でも仕事を任せてくれてやりがいのある仕事だから、今では時間が経つのが早いです」

「社長が毎月社員の何人かを食事会に誘ってくれます。社長の家に集まって、料理を作ったり持ち寄ったりしてワイワイ食べるんです。本社の人と初めて話したりして、すごく楽しかったです」

「今は工場にも毎年高卒の女性社員が入ってきます。私の出身校でも長府工産は人気で、成績が上位でないと推薦してもらえないんです」

「両親からはこんないい会社ないから絶対に辞めるなと言われています。子どもを産んでも働けるし、頑張れば『スキルアップ査定』でボーナスも上がります（23ページ参照）」

女性工員4人の言葉をまとめると、驚くような会社のあり方が浮かび上がってきた。まさに「社員の幸せを追求する会社」だ。ここでは工場勤務の女性の声だけを紹介したが、本社の営業や業務系の男性社員からもさまざまな「働きがい」や「手厚い福利厚生」の具体例が聞こえてくる。

いったい長府工産のこの経営は、どんな経営者の手で実現しているのか？

否応なくそこに興味は募る。

伊奈紀道という男

「私は長府工産への入社前には当時の親会社の長府製作所に8年間勤務し、その前には繊維関係の会社にも勤務していました。その当時から、『経営者の行動と社員のモチベーションの関係』を意識して学んでいました」

２００７年から長府工産の社長を務める伊奈紀道はそう語る。

伊奈は１９４３年（昭和18年）、広島県の呉出身、２０２１年で78歳になる。兵学校の官舎に生まれた。父親は海軍兵学校の教師で、若き日には九州帝国大学に学んだエリートで、国史が専門だった。伊奈が5歳の時に不慮の事故で亡くなっているが、写真では純白の海軍服に身を包んだジェントルな姿が残っている。母親もまた教育を大切に考える人だった。伊奈が2歳の時に一家は広島に向かう船に乗っていたが、もし一便早ければ原爆にあって海の藻屑と消えていたはずだったといわれている。

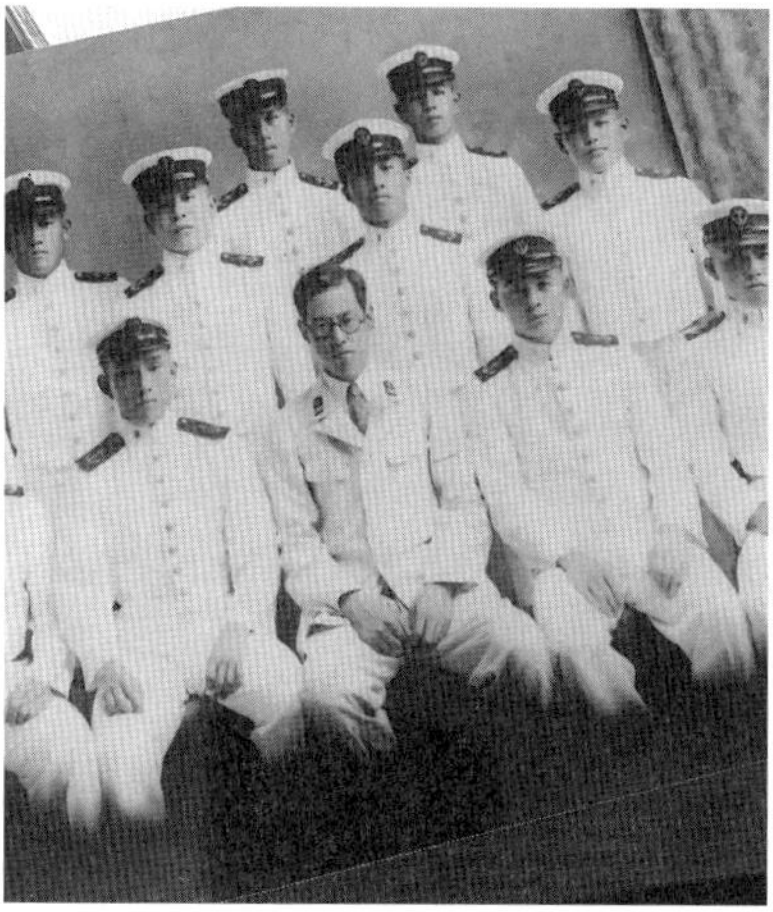

前列左から２番目が伊奈の父

その両親の影響だろうか、経営者としての伊奈は、業績をあげて会社を大きくするということよりも、「人を育て組織を強靱にする」ことのほうが目標だという。

「与えられた仕事にベストを尽くすこと」

「仕事を選ぶのではなくどんな仕事にも価値を見いだすこと」

現在の行動指針を身につけたのは、学生時代のアルバイト体験だった。

「京都の繊維関係の大学に学んでいてアルバイトで職人さんの工房に行きました。竹で扇子を作る工房です。そこで身につけたのは、絶対に手を抜かないことです。社会に出る前からなんとはなしにそういうことが働くことのベースになっていました」

工房では午前8時から夕方5時まで、竹の骨組みの両側から四角い紙を貼り付ける作業を延々とやらされたという。紙を貼り付けてプレスのようにぽんと押すと扇の形が抜ける。その単純作業を食事と休憩時間以外は毎日8時間ぶっ通しでやらされた。

「普通はそういう単純作業は嫌だという人が多いでしょう。ところが私は若い頃からちっともそうは思わなかった。毎朝工房に着くと『よし今日は何枚やろう』と考える。そうすると目標を達成するまで一心不乱に作業して、ちっとも苦痛でなくなる。その仕事は私がやったアルバイトで最も単純な仕事でしたが、今でもあの感覚は忘れられないし、それが仕事の基本だと思っています」

さらに伊奈はこう続ける。

「社会に出れば誰しも似たような経験をするものです。なぜこんなことをやらないといけないのか？　こんな仕事を続けていても自分は成長できないのではないか？　ことに最近の若い人は仕事の内容に少しでも不満があるとすぐに辞めると言い出します。でも私はそんなことは思ったこともない。どんなにきつい仕事を言われても、これは会社から試されているのではないか？　この仕事でこの人はどういう反応をするか見られているのではないか？　いかなる仕事も苦にしない。すぐに身体が動く。瞬間一生懸命が私のモットーです」

例えば下関にある伊奈の行きつけの店でも、時に女将は伊奈に対して、若い店員やアルバイトで入った若者への教育を頼んでくる。伊奈は言う。

「そんなとき、私は若い従業員にこう言うんです。開店してから閉店まで時間が長く感じることもあるだろう。そういうときはお客さんが楽しくなるように一生懸命考えるんだ。そうすると時間が経つのが早いよって。それが仕事の基本ですよ」

伊奈にとって仕事は一生懸命やっているのがいちばん楽。さぼるのがいちばん大変。なぜならさぼれば時間が経つのが遅くなるから。早く時間が経つ働き方を選べば、おのずと仕事は楽しくなる。若い頃からそういう仕事のやり方をしてきた。

もちろん順風満帆な人生を歩んできたわけではない。

終戦前の貧しい時代に生まれ、学生時代は学生運動も経験した。60年安保闘争を引きずった世代であり、大人社会の理不尽さに対して憤る季節もあった。

「あの時代に社会に無批判で暮らすことはぼくにはできなかった」と真剣に言う。

会社に入っても、上司があまりに度を過ぎたことをやると面前で反対した。組合の副組合長をやって、春闘でストライキを仕掛けたこともある。逆に組合長が権威主義をとったときには、伊奈は組合幹部であっても公然と権威に対して批判し、組合の民主化闘争も経験した。

組合であっても「組織の透明性」を高めること。「会社でも組合でも議会でも透明性が大切」というテーゼはこのとき会得したものであり、これまた伊奈にとっての現在の経営の指針となっている。

人を育てる

「伊奈社長の経営の根幹は、人を育てることにあるんだと感じています」

伊奈とともに長府工産の経営にあたる専務取締役営業本部長・井村 隆は伊奈の経営手法をそう語る。

「伊奈社長は経営を拡大したいのではなく、会社を強くしたいと芯から思っている。ぼくが『来年の目標は売上何％アップです』と言ってもちっとも喜ばない。それよりもうちの会社のこういう強みを伸ばしていきたいと話すと身を乗り出してきます。

ぼくは営業本部長ですから数字が仕事です。対前年比何％とか過去の3カ月の売上の推移とか、そういう視点で経営を考えますが、彼はそういう数字もしっかり見ているけれどもあんまり意見は言いません。

それよりも社員個々のスキルアップが目標だという。普通の査定もありますが、スキルアップを図る『スキルアップ査定』もあります。その二つの査定がボーナスに反映する。

査定は普通は60点、最高は75点。80点までついたことがあるのかな。スキルアップ査定では、それにプラスマイナス3点がつきます」。

井村が語る社員の「スキルアップ査定」は、長府工産独自の取り組みだ。

社員はあらかじめ上司のレクチャーを受けて、「今期の君はこれを目標にしよう」「君はここが足りないから今期はこれを目標にしよう」と課題を与えられる。課題のレベルは人によるが、「営業成績を○%アップする」という営業直結のものもあれば、「大きな声であいさつをする」とか「毎日室内掃除を徹底する」といった日常行動的なものもある。

その目標にきちんと取り組めば必ず点数がもらえる。拠点長と伊奈と井村で審査し、個人目標を達成すれば3点。その加点が賞与に影響する。普通の査定では評価60点で賞与100%となるが、それに3%加算されるのだ。もちろん目標に取り組まなかったらマイナス3まであり、プラスマイナス3点の都合6点の範囲で評価される。

インタビューを行った秋の一日、この日はたまたま前期のスキルアップの進捗状況を確認する日だった。それを終えてきたばかりの井村が言う。

「今日担当課長と全社員の進捗状況を確認して、このあとで全員に『今日までにこれだけの評価が出ています。後半でもうちょっと頑張ろう』と激励します。そういうことの繰り返しで一人ひとりのスキルアップを図っているのです」

もちろん言うは優しいが、管理職にとっては日頃の観察力が問われる作業だ。

「私は約200名の社員を見ていますが、伊奈社長は関連会社も入れると250名くらいの人間を観察することになります。かなり大変な作業であることは間違いありません」

伊奈は月に2度、2つある関連会社に出向く。営業会議と合わせても関連会社の現場を見るのは月に3回程度だ。その中で全社員の働きをチェックしなければならない。なかなか大変な作業だ。


もちろん評価にはプラスの評価だけでなくマイナスの評価もある。「ミス報告書」だ。

ISO認証制度（国際基準のマネジメントシステム）を始めた時から、次に失敗しないための予防措置として、ミスの報告書を提出させるようにした。ミスを責めるのではなく、その処理をどうするかを問いかける制度だ。井村が解説する。

「他社ではミスがあると『始末書』を書かせるといいますが、弊社ではそれよりも是正がポイントです。PC内でミスに対する是正ポイントを書いていくと、ひまわりがポンとひらくアプリが入っています。部下が作ったものを取締役の今出秀則部長が採用しました。

ミスをしてもその是正処置がうまくいったら人は成長します。それを喜ぶ少し遊び心のあるアプリです。ミスはどうやったら直るのか？　そのためにどういう取り組みをするか？そういう人間的な成長がないとこの会社にはいられないのです」

　ここにも伊奈が求める「仕事の本質」がかいま見える。部下を評価することで管理職（マネージャー）も教育されている。お互いに鍛えあって日々成長につなげる。それが長府工産の働き方の原点なのだ。

　伊奈はそのことをこう語る。

「人を育てることや採用にかかる投資はすぐには返って来ません。採用や教育に大金をかけたからといって結果がすぐに出るものでもない。毎年毎年辛抱強くやっていってやっと数年後に成果が出てくるもの。3年続けたからもういいとはなりません。会社も辛抱が必要。日々の積み重ねです」

「採用説明会で『期待する人材像は？』と聞かれ、私はこう答えました。上昇志向や向上心の強い人。将来こうなりたいと強く思っている人。大前提としてそれは必要です。現実を見れば、豊かになった日本ではフリーターでも生きて行けるのかもしれない。でもフリーターでいい、自由ならば路上生活者でもいいというような人を私は希望しません。人として社会に出て家庭をもてば将来家がほしい、車がほしい。当然そういう欲求が出てきます。家族を幸せにするためには必要なことです。そのときに経済的な裏付けがないと生きていけないし幸せは実現しない。サラリーマンになったら仕事で高い評価を得られなければ経済的な裏付けができない。仕事は業績で評価されるものです。3年後にはこうなりたいとか、具体的な希望を持つことが大切です。

そのためには今日なにをするのか？　なにをしないといけないのか？　逆に掘り下げて考えることが大切です。今日できることを明日にまわしてはいけない。そういうことが大切なんだと思う気持ちは、私は人には負けません。本を読んでも、いろいろ書いてあるけれどすごいと思うか思わないか、そこがポイント。今日より明日、1ミリでも成長していたい。そういう人が伸びていく。ドラッカーの本を読んだからといって、すぐに明日から変わるわけじゃない。でもその中で一つでも二つでも自分ができることをチャレンジすること。チャレンジしようとする人と私は一緒に働きたいと思っています」

この熱血漢的な言葉は、伊奈が常に口にする「35歳までに自分磨きをやってほしい。期待されるレベル、あるいはそれ以上の成果を出してほしい」、という姿勢にもつながっている。

この発言の伊奈の趣旨はこうだ。

――35歳といえば、大卒で社会人13年目くらいのはず。社会に出て15年程度で仕事において標準以上の評価を得られなければ、その先もまず伸びることは難しい。順調に成長している人と給料でも差がついてしまってやりにくいだろう。定年の60歳までそのままでいくのか、それとも別の道を選ぶのか。そのままの評価で会社に残っても、本人も幸せではないし組織も成長できない。

だから伊奈は、時に鬼の心になって社員に別の道を勧めることもある。「会社を大きくするよりも個人のスキルアップを望む」という姿勢は、決して恩情ではない。むしろ伊奈は、人間の可能性を非常にシビアな目で見つめる「合理の人」でもある。

ある時非情な人事が

だがその伊奈自身、ある時期は会社の方針の下、苦しくも厳しい時を過ごしていたことがある。

２００1年から２００5年にかけての専務時代。伊奈は本社と大阪支社の両方を見る立場にあった。

当時の売上は約30億円。現在の総売上２４1億６３００万円余と比べれば8分の1程度に低迷していた。だが前社長は、灯油の燃焼技術を活用して新しい価値を見出すことで、製造メーカーとしての生き残りを模索していた。

――時代はもう次のエネルギーに移ろうとしているのに。

伊奈や当時東北支店担当だった井村たちはそう思っていた。だが経営者の方針を否定できない。違うなと思いながら、伊奈や井村は忸怩たる思いをしていた記憶がある。

「でも伊奈専務（当時）は前社長のいうことを具現化するために愚直に働いていました。たとえ自分の意見は違っても、組織の方針は遵守する。伊奈さんはそういう人なんです」

ところがどんなに頑張っても業績は一向に上がらない。マーケットの変化に経営方針がついていけていなかったのだ。

そのとき前経営者が出した方針は――。

このあと伊奈には厳しすぎる人事が待っていた。その前後から、長府工産は赤字に転落し、長い低迷期が続くことになる。そのとき伊奈は――。

第1章

「このままでは会社がなくなってしまう……もうあの人しかいない！」

――伊奈社長誕生前後の混乱

3度の密使訪問

「伊奈さん、いや伊奈専務。このとおりです。なんとか長府工産に戻ってくれませんでしょうか?」

2007年のとある日のこと。

下関市内のマンションに住む伊奈のもとに、同社の取締役だった井村ともう一人の取締役がやってきた。

人目をはばかるように近くの喫茶店の片隅に席を取った三人は、しばし重苦しい沈黙を続けた。思い切ったように話を切り出したのは井村だった。

「伊奈さん、長府工産はこのままいくともうじき潰れます。会社の業績もここ2年は赤字に転落。社員の士気もまったく上がりません。なんとかもう一度、会社に戻っていただけませんでしょうか?」

二人はその約2年前、伊奈が長府工産の専務として経営手腕を振るっていた時には、ある意味で「戦友」ともいえる関係だった。

伊奈と井村の出会いは１９８３年（昭和58年）のこと。伊奈はその年、当時長府工産の親会社から長府工産に移籍し、伊奈が業務部長、井村が営業課長としてコンビを組んだ。長府工産の独立はその翌年の１９８４年。翌１９８５年からは親会社とは株式のうえでも関係がなくなり、新たな事業展開を模索するようになる。

当時の長府工産の経営者は60歳、それまで培ってきた灯油の燃焼技術を磨いて商品開発にチャレンジする人だった。世の中に挑戦していく気概は大いに持っていたが、反面、ワンマン経営を貫かざるを得ない状況でもあった。

当時を井村が振り返る。

「そのとき出会った伊奈さんはとてもまじめな方でした。文字どおり滅私奉公で、自分の時間を会社のために精一杯に使う人。仕事は業務全般を見ていて、工場の資材の調達から製品の管理まですべて一人でやられていました。当初は慣れない仕事を覚えるために遅い時間まで残業もされていました。とはいえ当時流行った猛烈サラリーマンというよりは、会社の仕組みを自分で支えている感じ。部下の社員には優しくて自分に厳しい人という印象でした」

以前は親会社の意向に添い、長府工産は石油ボイラーの製作はできなくて、親会社が作る給湯機の周辺部材を製作する住宅設備関連の弱小メーカーだった。だから業績は親会社頼り、とても自立した会社とは言えない。

そんな未熟なままで会社が独立してしまったのだから、二人の肩には重い荷物が載った。

――新しく生まれた長府工産を成長させたい。社員がいきいきと働く会社にしたい。

業務部長として伊奈は、常々そう言っていたという。

移籍直後から伊奈は、古巣である親会社を相手に工産の営業がやりやすくなるように必死に闘った。厳しいだけの鬼部長ではなく、社員の働きやすい環境を整えてくれる部長だった。かつての親会社に対する態度も毅然としていた。営業活動に制約をつけてくる親会社に対して、なんとか工産の営業マンが働きやすいように、防波堤になって条件を整えた。それ以前は親会社が販売するものを工産が販売したらいけないという暗黙のルールがあったが、同業他社のOEMで給湯機を製造するとか、お客さまが求める似たような商品を開発するとか、工産の営業が欲するものを伊奈が実現したケースはいくつかある。

独立当時の長府工産の売上は約18億円。社員は約50人。現在の売上（241・5億円余）と社員数（約200人）と比較したら、売上でいえば10分の1以下。その弱小体制にあって伊奈は、経営者の指示に対しては忠実に仕事をこなしながら、親会社にも筋の通った意見を直言する優秀な番頭のような存在だった。社長とは15歳差、営業課長として腕を振るう井村とは10歳差。ちょうど一世代の違いで3人が経営の中枢を握っていたのだ。

その日から約20年。この時は長府工産の役員になっていた後輩の井村が、祈るような表情で会社への復帰を懇願してくる。それに対して伊奈は、こう語るしかない。

「井村君、そんなこと言ったって、私は長府工産で役割を終えて辞めた。今さら私が戻れるわけないだろう。それに戻ってもポジションがないじゃないか」

伊奈にそう言われるのは井村も承知のうえだった。

確かに1年半前、長府工産は伊奈に対してやってはいけない仕打ちをしてしまった。

専務として本社のみならず工場の監督や資材の調達まで経営のすべてを見ていたのは伊奈だった。当時の会社の経営には伊奈の功績が非常に大きいのは分かっていたのに、当時の経営者が下したのは「次の社長はヘッドハンティングした外部の者にやらせる」という決断だった。コンサルティング会社と契約し、先行きが見えない業績の立て直しをまったく内情も知らない第三者に任せようとしたのだ。

もちろん井村もこの方針には当初から反対だった。だが創業時から社長を務め、親会社からの独立を達成した実績のある当時80歳の前社長の決断に対して、異を唱えられる者は社内にはいなかった。伊奈ですら、その悔しさをぐっと腹の奥底に秘めて、表面上は笑顔で「そうですか、では私は退きます」と言わざるを得なかったのだ。

伊奈が退社するまでの数カ月は、社内では水面下の「権力闘争」じみた動きもあった。だが井村は東北支店の担当として本社を離れていたために、直接その動きを察知することもできなかった。気がついたら伊奈が会社を去っていた。そういう印象だったのだ。

だが案の定、外部からやってきた新しい経営者の方針では社員の士気はうまく盛り上がらなかった。もともと前社長が掲げていた「これからも石油ボイラー中心で売っていく」という方針に、すでに亀裂が入っていたのだ。

21世紀に入ってから、時代はオール電化に舵を切ろうとしていた。エコキュートという名の、電力でお湯を作る新しい機械もすでに市場に出回り始めていた。正式名称は「自然冷媒（CO_2）ヒートポンプ式給湯機」。電力そのものでお湯を沸かすのではなく、電力で取り入れた空気中の熱を使ってお湯を作りだすのが特徴だ。そのメリットは大きく3つあった。

①深夜電力を使うので電気代（光熱費）が安く済む。

～お湯を使うたびに沸かす方法ではないので、電気代は格安に。

②断水時・停電時でもタンクからお湯を取り出すことができる。

～エコキュートのお湯は「貯湯タンク」に溜まっていて、非常用取水栓がついている。断水で水が出ないとき、停電でポンプが作動しないときもお湯を取り出すことができる。

③商品群が豊富で自宅や家族構成にあった製品を選べる。

～家電や給湯機のメーカーから豊富なラインナップ（商品群）が出ているため、自宅に合った機種を選択することができる。

つまりこの特長に見られるように、すでに時代は「エコ、節約、非常時対応」を求めていた。その証拠に、全盛期には年間90万台を誇った石油給湯機の販売台数は、この頃40万台に落ちていた。市場が半減したのだ。

ところが前社長は、長府工産が灯油の燃焼技術を高め、製造メーカーとして工場と営業部が連携・両立することこそが経営の基盤になると考えていた。

石油給湯機はいうまでもなく化石エネルギーに頼っている。燃やせばCO_2も発生せざるを得ない。

これでは意識の高い消費者が求め始めていた「エコ、節約、非常時対応」に沿わない商品だ。このままでは赤字となってしまった業績が回復するとは思えない。

専務時代の伊奈も井村も、当時の社長の経営方針に対しては不安をもっていた。二人で会うたびに「このままじゃわが社の将来が見えない」と会話を交わす日々。けれどそれを社長に直言することができなかった。それまでは、前社長が取り組んできた石油給湯機の製造販売で成長してきたことも事実だったのだから。

問題は、その前社長の方針を外部からやってきた新しい経営者が踏襲しようとしていることだった。

——このままでは本当に危ない！

会社に残り新経営陣の最前線に立つ役員の井村は、新社長のやり方に大きな不安を覚えた。気がつくと周囲の社員が次々と会社を去っていく。社内の士気がより一層低下しているのは明白だった。もはや会社としての体をなしているとも思えない。

思い余った井村は、思い切ったアクションに出る。まずは前社長に新社長の退任を要求し、これを認めさせた。同時に、伊奈を経営者として長府工産に連れ戻すことを進言。前社長もまた、風前の灯火状態の組織を見て、その進言に黙って耳を傾けた。

こうして井村は、伊奈の前に現れることになったのだ。

だが伊奈は一度の訪問では首を縦に振らなかった。「無理だ、帰ってくれ」と頑なになる。１度、２度、門前払いを食らいながらも、井村もまた諦めなかった。諦めたら自分自身の仕事がなくなるし、後輩や仲間たちも仕事を失うことになるのだから。なによりも若き日から情熱を傾けてきた長府工産がなくなるのは忍びない。

井村は3度目には、ある秘策を持って伊奈の前にやってきた。

その秘策とは――。

悠々自適で暮らしたい

一方この時の伊奈は、まさに悠々自適の生活だった。

退職と同時に、伊奈は部屋一杯もっていた経営に関する本をすべて処分した。もはやそれからの余生ではそれらの本は不要だと考えた。いや、経営に未練があるからこそ、目の前からそれらを消そうとしたのかもしれない。

伊奈は当時をこう振り返る。

「わたしは鈍感なんですよ」

まずそう言って苦笑してから、伊奈はこう続けた。

「あの時は自分としても不本意であったことは確かです。でも長いことお世話になり、専務としてお仕えしてきた当時の社長が『別の人を社長に据える』と判断されるんだから、それならもう僕の出番はないと、そう自分にも言い聞かせていました。だから毎晩のように飲み屋に行って、お酒飲んでわーわー騒いでいました」

飲むと陽気になるのが伊奈の酒だ。いきつけの店も高級店から庶民的な店までバリエーションに富んでいる。

毎晩のように飲み歩く伊奈の心情を推し量って、妻の久美子は伊奈にこう言った。

「長府工産の従業員の人たちは、皆お父さんがいなくなった愚痴を言っているんじゃないですか？」

久美子は伊奈の現役時代も一切仕事には口を出したことがない。今から振り返れば、伊奈の仕事に対して唯一もらしたのがこの時の言葉だった。誰よりも伊奈のことを理解していたのは、やはり妻であり家族だったのだ。

今は長府工産東北支店でリーダーを務める長男の伊奈義紀もこう振り返る。

「父は専務時代から、すでに経営を引き継いだらこうすると考えていたと思います。家で仕事の話は一切する人ではありませんでしたが、息子の直感、家族の直感でそれは分かります。だから相当に悔しかったんだと思います」

伊奈もこの頃のことをこう振り返る。

「悔しさを忘れるために酒を飲んでいたんじゃありません。飲んでも忘れるはずがないじゃないですか。でも楽しく飲んで下手なカラオケでも歌えば、楽しく一時を過ごすことができた」

実は伊奈は、専務時代に一冊の本と出会い、大切に繰り返し読んでいた。

渡辺英幸『ひと中心の経営』。

それはドラッカーの教えをかみ砕いた経営の解説書だった。息子の義紀が言うように、すでに伊奈は専務時代から経営者になる準備をしていたのだ。

「それはまぁ専務といえば経営者になる可能性がいちばん高いわけですから、そのポジションにおったら勉強はしますよ。でもそれが叶わなかったわけですから、その本は私が辞めるときに井村にあげました。これで勉強せい、と言うてね」

悔しさを表に出さず、その腹のうちを誰にも明かさずに淡々と引退後の生活を始めた伊奈。

その生き方を支える哲学にあっては、「流れ」というものが大きい。結局人間は社会や組織という大きな流れの中で生きている。その流れに無理をしてはいけない。無理に何かを望むとどこかに圧力がかかって、結局悲劇的な結末になる。会社の人事もまた然り。専務であるのだから、いつ社長になってもおかしくないだけの勉強はしておく。けれど自分からその座を無理して取りにはいかない。物事すべてには流れがあるのだから、その流れに乗りながら、自分自身の最善を尽くす。最善が尽くせるように常に準備をしておく。

それが伊奈流の生き方なのだ。

だから伊奈は、退職後の流れに任せて、行きつけの店のママと大好きなジャズのコンサートを企画して、高校時代の友人が紹介してくれた東京の女性ピアニストを下関に招き、小規模のコンサートを開いて仲間と楽しんでいた。

同様の計画はその後も決まっていた。だからそのことだけを考えても、義理堅い伊奈にしてみれば、忙しい社長業には戻れないという事情もあった。

だが、その『ひと中心の経営』を渡して次代の長府工産を託したはずの井村が、一度ならず三度も自分の目の前に現れて土下座せんばかりに頭を下げている。

これはどうしたものか――。

伊奈にもまた、情にほだされるところもあった。

しかも井村は、3度目には伊奈の痛いところをついてきた。

「今日ばかりは引き下がるわけには行きません。すでにお話があったかと思いますが、立石さんにも伊奈さんの社長就任をお願いしてきました。立石さんも全面的に私たちのバックアップをしてくださって、伊奈さんの社長就任を支援する体制を敷いてくださっています。立石さんのお顔に免じて、どうか引き受けてください」

立石とは、親会社勤務時代からなにかにつけて伊奈の世話をしてくれていた恩人だった。長府工産時代もお世話になったし、退職後も車を買い換えるときに面倒をみてもらっていた。伊奈は仕方なく、井村の3度目の訪問のあとで、正式に「断り」を入れるつもりで立石を食事に招待した。

ところが立石を目の前にすると、話が逆転してきた。現在の長府工産の状況をあれこれ話すうちに、「このままではいけない」と自ら口にしている自分に気づいた。伊奈が振り返る。

「立石さんはオートショップのオーナー社長で、うちの会社の創業者とも懇意で、親会社と別れたあとも会社の車を世話してくれていました。私が会社を辞めたあとも立石さんの会社から車を買っていたし、そのおりに長府工産の話をぽろっと聞いたりしていました。前社長の親友ですから、その方が私の社長就任を支持されていると聞き、断りに行ったのですが――」

立石が語る長府工産の惨状は、専務を5年務めた伊奈には手にとるように分かった。1年半くらい不在にしていても、「あの人が社長になったらうまくいくはずがない」ということくらい分かる。ここまで立石に頼まれて断るのは却って男が廃る。だんだんとそう思えてきた。

「そこまで言うなら――」

伊奈は立石の前でそう言った。重い腰が上がった瞬間だった。約1年半のブランクを経て、伊奈は長府工産に戻る覚悟を決めた。

立石は翌日前社長の自宅を訪ねた。幹部社員の思いを切々と語り前社長の決断を促した。黙って立石の話を聞いていた前社長は「分かった」と一言発した。

その後の行動は早く、翌日伊奈に連絡し、会社に呼んで退任の意向を表明し、伊奈社長誕生が正式に決まった。

同時にそれは長府工産にとっても、真っ暗な視界に一条の光が差し込んできた瞬間でもあった。

立ち上がるのを決めた伊奈は、行動を起こすのも早かった。すでに伊奈の脳裏では、新しい長府工産像はしっかりと見えていたのだ。それは伊奈を翻意させた井村も驚くような姿で。

経営者に戻ると宣言してすぐに起こした伊奈のアクションを、いちばん驚くことになったのは、ほかならぬ井村だった。

驚きの宣言の真意とは？

井村たちの説得により再び長府工産の本社に現れ、居並ぶ取締役たちを従えて会議室の中央に座った伊奈は、やおらこう言い放った。

「分かった。取締役会が全会一致で私を経営者に迎えようというなら私は社長を引き受ける。全身全霊を尽くして長府工産を健全経営に戻すことを約束しよう。その代わり一つだけ条件がある――」

語りだした伊奈の言葉に、全員が一瞬緊張した。

「社長は引き受ける。その代わり――」

伊奈が何を言いだすのか？　もしかして私生活の自由を投げ打って社長業に復帰するのだから、経済的な要求を言ってくるのではないか？　言ってこられてもそれは仕方ない。飲むしかない。

井村はそう思った。ところが――。

伊奈は予想もしないことを言いだした。

「私は無給でいい。給料なしで働く。それでいいな」

ええっ!!

驚くのは井村たちだった。予想とは真逆の言葉だったのだから。

いったい誰が赤字で疲弊する企業の立て直しを引き受けるのに、無給でいいなどと言うだろうか？　そうでなくても激務が必至の社長になるのだ。それ相応の報酬を言いだしてもおかしくないのに。

言い切って平然としている伊奈に対して、慌てて進言するのは井村たちだった。

「伊奈さん、いや社長。それは困ります。報酬はきちんと受け取ってください」

その場にいた前社長も、

「伊奈君、そんなこと言いだしたら、専務を辞めるときに退職金をたんまりもらったと思われるじゃないか」

冗談とも本気ともつかないことを言いだした。思いも寄らなかったあまりの突飛な提案に、気が動転していたのだろう。

それに対して伊奈はあくまでも冷静だった。伊奈の脳裏には、以前から愛読書だったジャック・ミッチェルの大ベストセラー、『顧客も社員も「大満足」と言ってくれる5つの原則』の中のワンフレーズが鳴り響いていた。

「社員は決してお金のために働くのではない。誠意を尽くし、個人と個人としての絆を結び、人として大事にすることで社員はいきいきと働き、労を惜しまずお客さまの満足のために働いてくれる」

社員はお金のために働くのではない。経営者が絆を結び、人として大切にすることでお客さまの満足のために働いてくれる。

それは伊奈の仕事哲学の中でも最も根幹をなすテーゼだ。

お金のために働くのではなく、絆と人として大切にされることを重視する。そうすれば、社員一人ひとりがお客さまを大切にしてくれる。

ミッチェルはさらに書いている。

「わが社で働く人たちは「仲間（アソシエイト）」です。「被雇用者」「労働者」「雇い人」といった表現はときに屈辱的な響きを伴うので使いません。お客さまに極上のサービスを提供するには、ともに仕事をする仲間を大切にしなくてはなりません。それはもう、絶対です。卓越した顧客サービスは天から降ってくるわけではありません。お客さま一人ひとりを大切にできるのは、大切にされている人々なのです！」

社長に復帰することを決めた伊奈は、社員と仲間（アソシエイト）になりたいと思った。逆に言えば、社員から「アソシエイト」と思われたかった。

そのためには、2005年に退職したときの印象を払拭しないといけないと伊奈は考えた。

――あの時、社員たちにしたら私は唐突に辞めた人という印象のはずだ。あるいは経営を放り出したと思っている部下もいたかもしれない。部下にしてみたら、私が辞めたのと同時に会社が潰れると思ったかもしれないのだから。

それなのに社長になるからといっていきなり高給をもらったら、彼らは仲間と認めてくれるだろうか？　否、そんな経営者のことは、面前では尊敬したふりをしても、内心は「裏切り者、金の亡者め」と冷笑しているに違いない。

ならば自分は態度で「仲間」であることを示そう。新入社員も最初の3カ月は試用期間がある。社長としては初心者の私も、自ら試用期間を課そうではないか。

「試用期間なのだから給料なしだ」

それが伊奈の一つの考え方だったのだ。

もう一つは、「仕事は楽しい」ということを示したいという思いもあった。儲けたいからではなく、お客さまからありがとうと言われる喜びのためにこそ身を粉にして働きたい。そう思って働けば、おのずとやりがいも出てくるし、周囲から信頼もされる。

私はお金ではなくその信頼を得るために働くのだ――。

それも社員に示したかった考え方の一つだった。

とはいえ、そんな非常識な要求が通るはずがない。

家に帰ってそのことを妻の久美子に話すと、彼女は笑ってこう言った。

「お父さん、そんな理想論を言っても社員の皆さんが信じてくれませんよ。そんな変人社長のもとで一生懸命働いてくれると思いますか？」

仕方なく伊奈は、長府工産の社長の過去の給料を資料から洗い出した。それをグラフ化して、翌日前社長に申し出ることにした。

「ここに見るように、社長の過去の給与を調べてみると、いちばん少ない時で月給80万円でした。皆がもらわないと困るというから、私はこの金額の半分をもらうことにします。それでこの問題は納めましょう」と、双方納得いく形で自らの役員報酬を決定した。伊奈は前社長には「このグラフを社員に開示していいでしょうか？」と確認している。そのうえで、伊奈は全社会議で全社員に自らの半額となった役員報酬を発表した。

その裏では、「私と社員は仲間（アソシエイト）だ」という哲学があった。

やがて井村や社員たちは、伊奈がこの哲学に基づき次々と決定する社内の新たな取り決めや新方針に、さらに驚くことになる。それは長府工産的に驚きなのではなく、ある意味でこの国の株式会社のあり方としての「驚き」だった。

伊奈は大きく言えば二つのベクトルで、自ら掲げる「顧客も社員も大満足」というテーゼに向けて突き進んだ。

そこから長府工産は、史上まれなる「奇跡」に向かって疾走を始める。

それは前例のない、誰にも真似できない疾走だった。

第2章

市場の変化に寄り添う営業スタイルで「メーカー商社化」に挑戦

社員と仲間になる社長

2007年4月、伊奈が社長として戻ってきた時の社内の様子を、現在は取締役東日本営業統括部長として横浜にある支店の責任者をしている山本真吾は、こんなふうに記憶している。

「伊奈さんは戻ってくるといきなり社長の給料を半分にすると宣言されて、社員全員とても驚きました。当初はいらないと言っていたとも聞きました。でもそれだけはやめてくれと周囲が説得したら、それなら半分でいいと言って社長を引き受けてくださったと聞いています」

あまりに強烈な新社長伊奈の「給料不要」発言。そのインパクトの大きさは、井村や山本たち社員を驚かせるには十分だった。そして同時に、彼らの中に「会社が変わる」という予感が芽生えたとは言えまいか。それまでの社内の淀んだ雰囲気は一掃され、「何かが始まる」という期待感が生まれてきた。

それこそが経営権を握った伊奈の狙いどころだったのだ。

さらに伊奈は、社員の視線が自分に集まっているのを承知のうえで、二の矢を放った。

「君たちは希望のもてる会社で働きたいだろう。だとしたら、わが社は従来の石油ボイラー一辺倒でなく、市場が求めているいろいろな商品にチャレンジしよう。そのうち『昔はボイラーの会社だったな』と懐かしむことになってもいいじゃないか」

この一言こそ、井村や山本たち多くの社員が待ち望んでいた一言だった。

実はこの頃、山本と伊奈の間にも緊張感の高いやりとりがあった。当時山本はまだ入社8年目。入社早々に栃木県小山市にできた営業所に赴任して、その後仙台にできた東北支店へと転勤していた。山口大学の教育学部卒。本来なら教師になるつもりだったが、大学の先輩が働いている民間企業である長府工産を選んだ。容姿は細身で飄々としているが、若い頃から熱血漢であり正義感の強い男でもある。

だが入社しても本社勤務の経験がなかったから、伊奈とは2005年の退任前にはほとんど面識がなかった。「専務が退社された」という報も、遠く仙台で聞いただけで、「ふーん」という感想しかなかったという。

ところがその伊奈が社長になって間もなく、東北支店の会議にやってきた。もちろん二人はほぼ初対面。伊奈にしてみたら、山本という名前すら知らなかったはずだ。

その伊奈に対して、山本が会議で正面から意見を言った。

「あの石油ボイラーを売り続けるのはもう無理でしょう。なぜ会社は早く扱いをやめてくれないのですか？　あのボイラーの営業に疲れて辞めていく社員も多いのに」

それは伊奈にとっても驚きの発言だった。その石油ボイラーの不具合について聞いてはいたが、まさか社長の自分に具体的な商品名を挙げて直言する社員がいたとは。しかも若手だ。その時から伊奈は「山本真吾」という若手社員を意識するようになる。

山本が当時を振り返る。

「東北の会議で、私は初めて会った社長に意見しました。もうあの商品は無理でしょうと。前の社長のときからあの商品を扱うのは大変でした。なぜなら売ったあとの故障が多くてものすごくお客さまを困らせていたんです。でもなぜか会社は扱いをやめない。誰も社長に直訴できない。そんな状態でした。ところが2007年に伊奈社長が戻ってきたときに、直感的に言いやすい人だな、初めて意見が言える人が登場したなと感じたんです。だからあの時は、絶対に直訴して取り扱いをやめないといけない。あの商品をやめるには今日自分が言うしかないと、使命感にも似たものを感じていました」

前述したように、当時の長府工産の営業のメイン品目は石油給湯機だった。50〜60種類の商品ラインナップがあったが、そのなかの一つが山本の言うお客さまに迷惑をかける商品だった。本来なら10年もつはずのところが普通に使っていても5年しかもたない。皆その弊害を思っていた。けれど上司に言ってもその意見は通らない。だから諦めていた。誰もが上層部の誰かがその扱いをやめてくれる日を待っていた。だが他人頼みでは物事は進まない。

そこに現れた伊奈は、山本の直訴を聞くと黙って頷いた。伊奈もその弊害は分かっていたのだ。そのことが社内に広まることで、「今度の社長は話が分かる」と、さらに社員の期待感も増していく。

社員と仲間（アソシエイト）になりたい、という伊奈の願いは、決して媚を売るという意味ではなく、こんなことを重ねながら少しずつ社内に浸透していった。

エコに向かう市場の変化に寄り添う
〜石油ボイラー一辺倒からの脱却

──今後のわが社は石油ボイラー一辺倒ではなく、市場の求めているものにアプローチしていこう。

社長就任直後の伊奈のこの言葉は、決して目の前の市場の動きだけから生まれたわけではなかった。折しも新社長伊奈の登場は、世界的な「エコ、持続可能な開発目標（ＳＤＧｓ）」の歩みと歩調を合わせている。

伊奈が専務として長府工産を仕切っていた時代に、すでに世界は大きく動いていた。人類が経験したことのない異常気象（気候変動）への警鐘は、１９９７年に京都で開かれた「気候変動枠組条約第三回締約国会議（ＣＯＰ３）」において採択された「京都議定書」によって示された、先進国全体で温室効果ガスの排出量を１９９０年比で５％減少させること。その目標に向かって人類全体が知恵を絞り汗を流すことがうたわれたのだ。

すでに1992年には、京都議定書締結の根拠となる「気候変動枠組条約」が採択されていた。大気中の温室効果ガスの濃度を安定させないことには、この星の未来はない。70億人の人類が一丸となってこの目標に向かわなければ、人類の未来もない。世界レベルで初めて大きな潮流ができたのはこのときだった。

もちろん周知のように、この後大国間で経済的影響から対立が表面化。2001年には超大国アメリカが京都議定書から離脱を表明するなど、その後もこの潮流は一筋縄では進んでいない。だが専務時代から、伊奈はこの大きな流れを「自分ごと」として感じていた。

――これからの世の中で、化石エネルギーで燃やすとCO_2をまき散らす石油エネルギーは人気を失うだろう。代わって使われるようになるのは再生可能エネルギーだ。

すでにこの頃から、石油給湯機は市場規模を縮めつつあった。最盛期には年間90万台も売れていた給湯機市場が40万台へと半減していたのだ。なによりも給湯機のニーズの前提となる「住宅着工件数」も確実に減っていた。ピーク時180万戸からその当時で90万戸へ。日本全体の人口減少は2008年に始まったと言われるが、地方ではすでに何年も前から人口は激しく減少していた。

そんな中でいつまでも化石燃料エネルギーではない、エコで持続可能なエネルギー商品に舵を切らなければ――。
社長に返り咲いた伊奈の最大の課題は、ここにあった。

その時代に石油製品に代わって伸びていたのは、前述した「エコ給湯機（エコキュート）」だった。深夜電力を使って「省エネ、低コスト」でお湯を供給するマシン。非常時にも水源として使えることも売りだった。すでに1995年の阪神淡路大震災を経験していた日本人にとって、「地震に強い」というキャッチフレーズはインパクトがあったのだ（その後ますます震災対策のニーズは大きくなるのだが）。

伊奈が長府工産を一度退いた2005年以前から、エコキュートは市場に現れていた。それが約2年後の2007年には、大きくブレイクしていた。

だが電気製品は長府工産は作れない。作る技術もない。

「ならば他社から仕入れてじゃんじゃん売ろう。商社機能をもとうじゃないか」

就任直後の伊奈はそう言って、営業マンたちにハッパをかけ始めた。

それは「売りたいものを売るのではない、市場の求めるものを売るのだ」という、営業マンとしては王道だった。「強いもの」が勝つのではない。「適者」が生き残るのだ、とうたったダーウィンの『進化論』にも似たテーゼだ。その当たり前のことができていなかったことに、当時の長府工産の苦しみがあった。

伊奈や井村たち営業部隊は、エコキュートに目をつけた。それまでの長府工産は石油ボイラーのメーカーだったが、ここからはもう違う。他社が作った商品も仕入れて販売店に卸す。

商社機能で勝負に出たのだ。

すばやい決断の連続

この当時のことを、伊奈はこう語る。

「専務時代から石油ボイラーをやめようとは思っていませんでした。まだ石油ボイラーは売れていますしね。でも社長になって戻ってみたら、世の中が音を立てて変わっていた。この流れにさからっちゃいけない。灯油製品が減ることは誰が見ても一目瞭然だったから、素直にエコキュートでカバーしようと切り換えました」

ここでも「流れ」に素直という伊奈の哲学が生きている。その後のことになるが、エコキュートを売っているうちに同じ流れで太陽光発電が出てきた。伊奈はこの流れにも乗って、ソーラーパネル等の太陽光関連の商品を扱うようになる。２００９年には国（経済産業省）が補助金を出したりＦＩＴ（太陽光発電固定買い取り制度）もできて、大きな潮流になった。それにも乗ることで、長府工産は苦境を脱することになる。

この頃のことを、さらに伊奈はこう語る。

「営業マンが得意先回りをしたら情報はいちばん分かるんです。やはり市場のお客さんと対峙している人の考えや感触がいちばん大切です。『今までこれがよう売れよったけれど最近はさっぱりや』『最近こんなものばかり注文が来るようになった』『お客さんからはこんなものばかり問い合わせが来る』。そういう言葉を得意先から聞いた営業マンが情報をとってくる。あとはその流れに身を任せればいい。会社が『これを売りたい』なんて言う必要はない。市場が欲しがるものを提供するのが営業マンです」

同じ頃の記憶を、井村はこう語る。

「すべては事業スタイルの変化です。２００９年から太陽光のＦＩＴが出てきてそれを扱ったことで長府工産は売上を伸ばしたと言われるけれど、FITの登場だけでなく伊奈が社長に戻ってすぐに事業スタイルを変えたことが勝因です。つまりは市場に寄り添って扱う商品を増やして『メーカー商社』になったこと。当時はまだこの言葉はありませんでしたが（正式には2013年から使われた）、市場のニーズを拾ったことで物すごい受注があった。そのことで長府工産は劇的に変化したのです」

この時代、伊奈を社長として返り咲かせ、自らは営業部長として営業部隊の先頭に立っていた井村の言葉には実感がある。

なによりも、それ以前には井村以下の社員には事業への不安が大きかった。それまで石油ボイラー一点張りできているから、先行きが見えなかった。2007年は社員127人、平均年齢34歳程度。まだ20年から30年は働かなければならないのだから、社員の不安は大きかったのだ。

このとき53歳だった井村は、もう一人の営業部長と二人で、伊奈の指示に藁にもすがる思いで従い営業部隊をリードしていった。

伊奈の決断は早かった。2007年の「石油ボイラー以外の商品を扱う」宣言以降も翌

2008年には営業推進部を新設。事業所の統廃合を含めて営業部が働きやすいように環境を整え、「オール電化」の商品を扱う体制作りを2年間かけて行った。

この年には社員全員が集まる年に一度の全社会議で、伊奈は「わが社はエコ関連の商品を扱うことで、CO_2削減に貢献しながら地球環境を守ります」と発表した。それ以前はテレビのニュースや新聞から世界レベルの環境保全の話題が流れるたびに、営業マンたちはそれまでに扱っている商材だけでは不安だったのだ。

だがこの宣言によって、「環境保護の流れに乗った会社」と胸を張ることができる。伊奈の言葉は営業マンを鼓舞するなによりのメッセージだった。

さらに前述のように、2009年からは太陽光発電関連の商品の取り扱いも増えた。FITを含めて経済産業省の補助金が出ることをめざとく察知し、この市場が伸びる前に手を着けたのだ。

2011年には中期ビジョンで「今後は強制循環式太陽熱温水器等を作っていく」と宣言。休むことなく世の中にキャッチアップしていくことを内外に示した。

これらの営業政策が功を奏して、2009年からは飛躍的に売上が伸びた。エコキュートなどは伊奈が戻る前から細々と扱ってはいたが、伊奈が大胆な方針をとったことでエコキュートやIHクッキングヒーター等、オール電化商品のラインナップが揃った。

２００９年11月からFIT政策もスタートし、太陽光発電も、そこからメイン商材として扱うことになる。

なによりも一新されたのは「人心」だった。もはや社内で後ろ向きの言葉を言う者は誰もいなくなった。

「なにものにも制限されずに市場のニーズに応えればいい。営業部隊は本格的に売れるものを売っていこう。商品開発や人的投資、営業の多角化にも突き進もう」

長府工産は数年間にわたる低迷に区切りをつけて、全社一丸となって邁進する体制が整った。もちろん２００９年からは黒字経営に戻った。伊奈の再登場からわずか2、3年でのこの変化。井村にしても山本にしても、まるでマジックにかかったような日々だった。

勉強会戦略、学び続ける営業マンたち

横浜支店の会議室で、当時を振り返って山本が笑みをたたえながら言った言葉がある。

「あの頃から大手他社の営業マンと比べても、うちの営業マンはどこにも負けていなかったと思います。うちはみんなものすごく勉強しているから知識量が多く、メーカーさんの営業マンに負けないくらいそれぞれの商品のことを熟知している。どこにも負けないということを自信をもって言えるようになりました」

飄々とした表情で語られた言葉だが、なんと凄味のある表現だろう。

山本の言葉にあるように、長府工産の特長の一つは商品に対する「圧倒的な知識量と情報量」、そして第5章で詳述するが、「ファーストコールをもらえる信頼感」。つまりアフターサービスがどこよりも緻密で正確、信頼感に溢れているという点にある。

山本が続ける。

「伊奈さんが改革を始めてから、社員全員がやる気になりました。他のライバル会社より

もすごく商品研究をして、大手商社と競っても負けなかった。みんな勉強したんです。うちの営業マンと比べたら、他社の営業マンで勉強しているなんて思った人は一人もいません。そこだけは自信があります」

そしてこうも言う。

「この業界の人は皆が勤勉というわけじゃありませんよ。だってボイラーの営業をしたいという夢をもっている子どもなんていないでしょう。大人になってもそれが夢だなんて人はいません。だからこの業界に入ってもこの業界のことを勉強しないんです。ならば勉強した者が勝つ。誰だってボイラーのことなんて何も知らないで入ってくるんだから、伸びしろがある。ぼくは別の商売をやってもこのスタイルを変えなければ大丈夫だと思っています。同じ人と競合するなら絶対に勝ちますよ」

この言葉に見られるように、新社長伊奈がとったもう一つの戦略は、「勉強会戦略」だった。学びあうことを長府工産の文化にしたい。学ぶことで鍛えあって最強軍団を作りたい。

伊奈は自ら先頭に立って各地の販売会社（長府工産が商品を卸す取引先）とともに勉強

会を企画して、営業活動の一環とするとともに社員たちに成長を促した。

当時をこう振り返る。

「それまでうちは石油ボイラーメーカーでしたから、当然自社製品は何を聞かれても答えられるわけです。扱ってるのがそれしかなかったんだから。でも私が戻って以降はメーカー商社になったんだから、他社の製品に対する知識も同じレベルまでもっていくようにした。例えば大手家電メーカーのエコキュートについては、そのメーカーの営業マンよりも詳しく喋れるようにしておく。大手家電メーカーの営業マンは取り扱い商品が多くて、自社製品に対してもそんなに詳しくないんです。だから私たちは勝つことができた。もちろん社内でも、メーカーの担当者に来てもらって勉強会をやりました。より現場に近い情報を集めること。お客さんが何を喜んで何を不便だと思っているのかを徹底的に聞きだすこと。設置工事をしている人（施工業者）にとってどういうところが工事しやすいのか。どの点が施工しづらいのか。それを分かっていれば、お客さんに事前に伝えることができます」

メーカー商社に徹してから、長府工産には新たな強みができた。多くのメーカーの商品を扱うようになったから、例えばA社の製品を使っていた人が他社商品に乗り換えたいと思えばB社の商品を勧めることができる。A社の商品しか知らない人には、実はこの地域の気候風土ならばB社の商品のほうが優れていますよとセールスできる。すべてのメーカーの商品の特長や長所短所を知っているということが、絶対的な営業の強みになったのだ。

その点を、営業本部長の井村はこう語る。

「うちの営業マンは全メーカーの商品に詳しいから、現場でも長府工産に頼めば間違いないという信頼につながっています。例えばお客さまの息子さんがシャープに勤めていても親戚が東芝や日立で働いていても、そういう縁故に左右されることなく全メーカーの問い合わせにきちんと答えられて説明できる。住宅レベルならば複数のメーカーの商品を組み合わせることもできる。例えば換気扇は三菱のこの商品がいい。暖房はこのメーカーがいい。灯油機器はこれ、太陽光発電はこれ、蓄電池はこれというように。あるいは電力にしても、大手電力会社との契約はやめて地域のこの電力会社と契約するとこれだけメリットがありますと即座に答えられる。

あるいはその家のお子さんが独立して出て行ったらその時は設備をこう替えましょうと、お客さまのライフスタイルや事情、条件によってカスタムメイドしたアドバイスができる。

弊社はＢｔｏＢビジネスで取引先は小売店さんが多いのですが、そこがユーザーにきちんと提案できるように一緒に勉強するんです。その選択肢のバリエーションが多いので、うちと取引する小売店さんは圧倒的に有利です。小売店さんの商売がしやすい。小売店さんが他店との競合に勝てれば小売店さんもうちも業績アップにつながる。そういう戦略に徹しています」

現在長府工産の営業マンが扱っているのは、主要取引先（メーカー）で100社程度だ。一社ごとにいろいろな商品があるから覚えることは膨大だが、営業マンたちはメーカーごとの歴史を学び、その「文脈」を理解するようにしている。例えば家電から始まったメーカーと石油給湯機から始まったメーカーとでは同じエコキュートと呼ばれる商品を作っても、特徴が異なる。会社の歩みの歴史が異なるからだ。

そういう中でメーカーごとの知識を頭に入れていき、売れている商品から覚えていく。お店で商品を売ろうと思ったら商品について喋るし、聞かれて答えられなかったらかっこ悪いから社員たちは答えられなかったことを学ぶ。つまりミッシングリンクを埋めていくのだ。そうやってまじめに毎日やっていれば、知識はどんどん蓄積していく。「ポケットにはたくさん知識をもっておけ」と、伊奈は常にはっぱをかけている。

伊奈は現在の最強軍団を前に、こう語る。

「学びあうことを何年も続けてそれが弊社の文化になれば、多分他社はついてこられないと思っていました。他社の営業マンがうちの営業マンと話したら、会話が続かないはずです。また生半可な営業マンではうちの取引先が許さない。お前は長府工産の営業と比べたら全然違うじゃないかと叱られるでしょう。うちの社員にしても、新人の半年間くらいは知らないことがあっても仕方ないですが、その後は厳しく知識量を問われます。そういう緊張感が社内に出てきました」

勉強会を通じて国の方針もゲットする

太陽光関連の商品を扱い始めた2010年の2月からも、伊奈は自ら全国の販売会社を回って勉強会や研修会を行った。それは取引先に対しても、社として積極的に太陽光を売っていくと「宣言」をすることでもあった。

例えば熊本や鹿児島の得意先さんを現地で集めて、出張勉強会を開催する。もちろん集客が大変だが、営業マンは前もって電話をかけまくってこの二県の取引先を集める。だが2回目からは、それほど大変ではなくなるという。

井村が言う。

「出張勉強会は会社の本気度を明確に示すため1年間続けました。当初は集客が大変でしたが、集まってくれたお客さんは勉強会の結果自らの成長を感じてくれたのでしょう。『長府工産の話を聞いたらすごく役に立った。その後商品も売れた。んじゃ次も行こうか』となって、口コミで広まっていった。つまり景品やお土産で釣るのではなく、役立つ情報をどれだけ出せるか？　お得意先には他の商社からも同じメーカーの商品がいくければど、そこにどれだけプラスの情報を付加できるか？　その情報量と質で他社と差別化する。だから長府工産が来たら他社は引いてしまうという状況になるんです」

そしてそこには副産物もあった。伊奈はこう語る。

「商品知識をつけるためにメーカーさんと会話していると、国の考えや今後の方針が見え隠れしていました。大手メーカーはやはり霞が関の情報を持っているんです。例えば石油ボイラーには熱機器工業会という業界団体があって、政府のメンバーも必ず入っていた。国が車の排ガス規制とかの方策を打ち出す時は、そういう業界団体にまず情報を流します。

前もって『○年までにCO_2を何パーセント削減する』とか目標を小出しにしてくる。そういう情報をメーカー経由で取れるというのも、勉強会の一つの成果です。もちろんメーカーと付き合うためには、エキスポジャパン等のビックサイトで開かれるイベントにも出かけます。そういうときには経産省の課長クラスが講演して、この国の進むべき方向を発信しているんです。それを聞き逃さないようにしていました」

だから長府工産は、同業他社よりも一歩か半歩前で営業方針を決めることができる。その情報量の差にもつながったのだ。

また山本は、社内にいい意味での緊張感をもたらすために、こんな芸当を使うこともある。

「例えば取引先（販売会社）から『この商品の操作方法を教えてくれ』という電話がしばしばかかってきます。商品を卸す時に、この商品をこう扱うならば取り扱い説明書の何ページを見てと言ってあるんですが、取引先の人も見ていない人が多いんです。そういう時、ぼくはその商品のリモコンの構造図を覚えていて『下から3センチ右から1センチのボタンを押してください』とか『左に2個あるボタンの右を押してください』というように返事をするんです。その受け答えを社内でもわざと周囲に聞こえるように大声でやりました。先輩たちもそのやりとりを聞いてびっくりしていましたよ」

そう言って、いたずらっぽく笑うのだ。

新卒で入ってきた山本がすぐに栃木の関東営業所に配属になった時、上司だったのは井村だった。その頃のことを井村ははっきりと覚えている。

「彼は入社してすぐに私の部下になりましたが、その業績はすごかった。関東営業所はできたばかりだから新規開拓ばかりです。まだ取引先がないんですから。それなのに彼は一人で月に28件の契約をとってきたことがある。うちとしても過去最高記録です。それだけの数をこなしても取引先店との関係もうまくいっているし、仮にトラブルがあっても逃げない。当時は石油ボイラーを主に扱っていましたから、修理対応も多かったですよ。音が煩い、煤が出る等々。でも山本はそういうクレームはチャンスだと言って、クレームが来たらすぐに飛んで行って相手の懐に飛び込む。そして本当にチャンスにする。取引先さんもそういう営業がいたら頼りになると思うじゃないですか。若いけれどそういうところがありました」

このように山本は、もって生まれた営業マンとしての才覚に勉強会戦略で積み上げた知識をプラスして、後に長府工産史上最年少44歳で取締役になる。業績だけでなく、部下をちゃんと導ける「指導力」も評価されたという。それもまた「社員の成長第一」という伊奈や井村をロールモデルとして、日々研鑽を積んだ結果だったのだ。

伊奈はそんな若き日の山本を見て、しみじみとこう言っていたという。

「山本はよくこんなこと知っているな。一言で言えば仕事に対する本気度が違う。夢中になっている。それくらい楽しいんだろう」

本気でやれば仕事は楽しくなる。あっと言う間に時間は過ぎる。そういうふうに仕事はやるものだ。

伊奈の仕事哲学の、ある意味で山本は体現者なのかもしれない。

伊奈の鋭い読み

さらにもう一つだけ、伊奈と長府工産の勉強会戦略の成果を上げておこう。

井村が言う。

「伊奈のそばにいながら、私は何度も彼の鋭い読みに驚かされています。伊奈が就任したときは、石油からオール電化へただちに変えました。これはある程度世の中の流れがあったから、私たちでも理解できた。

でもその後、2013年の全社会議で『独立型の電源でいこう』と言いだしたのには驚いた。さらに2019年には『3つの事業コンセプト』を発表し、『新しいエネルギー社会を我々が構築していこう』というメッセージも出した。あとは営業部がそれを具現化するだけだと言うんです。そんなこと言われても——と、我々は目が点ですよ。

独立電源とは、電力会社から電力を買わなくても自前で発電するシステム。電力の自立システムです。その頃営業部は分散配置型、蓄電池で貯めて足りなかったら電力会社から買う形を勧めていました。とても独立型なんて無理だと思っていた。

ところが2021年の現在では、電気自動車があると独立型が可能になっている。伊奈には先見の明があったんです。おそらくあの頃から経産省からの情報が入っていたのか？我々の行動よりも早く伊奈はメッセージを出す。そしてそれが営業指針になっていく。それが長府工産のスタイルになっています」

第3章

優しさと厳しさが共存する「社員ファースト」の大改革

腰をぬかすような改革

前章に書いたように、長府工産は石油ボイラーの売上に陰りが見え始めた2005年に赤字に転落した。それまで創業以来28年間、ビジネスの本流に据えてきた商材が時代の流れの中で存在感を失ったのだから、それは致し方ないことだった。

企業としての課題は、その先にどんな新しいビジョンを描いてV字回復にもっていくかだ。長府工産に限らず、変化の激しい今日のビジネスシーンに活動している企業は、いつどんなタイミングでこの立場に立つか分からない。

その時何ができるか？　どのタイミングで何を決断できるか？

経営者は常にその局面に立たされている。

2005年から4年間、長府工産は赤字のまま低迷している。その最中の2007年に現れたのが伊奈紀道という新しい経営者であり、彼が営業面で大きく方向転換を図ったのは前述のとおりだ。

財務面でその効果が現れたのは2009年から。長府工産は長い低迷期を脱して、やっと黒字となり「攻め」の体制が整ったのだ。

だがその裏で、もう一つの「大改革」があった。

それは営業面での改革に勝るとも劣らない、いやむしろ日本のビジネス史に残ると言っても過言ではない、信じられないような経営改革だった。

その改革に部下として間近で接し、自分ごととして見ていた専務の井村は、それを「腰をぬかすような改革」と表現する。

「就任直後から、伊奈さんは腰をぬかすような改革を次から次へといっぱいやりました。会社としては2005年から2008年まで4年間赤字。その赤字の最大の犯人は前にも話した石油ボイラーで、赤字の5、6割を占めていたと思います。その間、めちゃくちゃ社員が辞めました。先輩も同僚も後輩も、とにかく大量に辞めた。会社が倒産しそうだと誰もが感じて、泥船から脱出する人が後を絶たなかったんです」

ところが伊奈が社長に戻ってから2年、2009年からは黒字に復帰する。それは営業面の改革だけでなく、実はその裏で行われた社員の待遇や福利厚生面での大改革も大きく貢献していると井村は言う。

「その時行われたのは今でいう『働き方改革』でした。当時はそんな言葉はありませんでしたが、伊奈さんは稟議書があがってくると必ず『これは本当に社員のためになるのか？　社員のためになるのはどっちだ？』と呟きながら、たとえコストはかかっても社員のためになるほうにサインする。そのモットーは『社員のモチベーションを下げてはいけない。社員の物心両面の幸せを追求する。選択に困ったときは社員のためになるほうを選ぶ』。とにかく働きやすい組織にするんだと言って、次々と福利厚生や人事面、各種手当てや給与面の改革に手を突っ込みました」

その象徴は、２００９年に黒字になったときに、「赤字の4年間で昇給すべきお金があるはずだ。それを全社員に支給する」と言って、全社員の基本給を上げたことだった。相当な額にのぼったが、それまでの数年間の評価に応じて、黒字化と同時に全社員の給料を上げた。

伊奈がこの施策を採ったのにはわけがある。会社が低迷している時に入社した若手社員は、評価は高くても給料は上がっていなかった。会社の業績がいい時に入社した社員はあまり働かなくても給料は上がるのに、その逆で上がらないのは不公平だ。伸び盛りの人材なのにそれはおかしい。そういういびつさをなくすために、伊奈は黒字回復とともにそれまで抑えていた給料を上げたのだ。

伊奈が手を付けたのはそれだけではない。とにかく社内制度や内規等のありとあらゆるものを改革の対象とした。昭和55年から毎年社内の出来事を書きつけている古びた備忘録のメモ帳をしげしげと見ながら、井村がさらにこう語る。

「私の記録によれば、伊奈さんは社長に就任してから62もの改革をやっています。給与体系を明確にすること。完全週休2日にすること。そういう大きな改革に始まって小さなものまで、とにかく社員の福利厚生に関するものはすべて俎上に載せました。

週休2日制も準備したらできると言って、いきなりやり始めました。勤務時間も、当時横浜支店は8時開始だったので、7時30分頃に会社に出社しなければならず、『早すぎる』と不満がありました。下関の本社の感覚でいったら、サマータイムで6時半から出社しているような感じでした。だから横浜だけは8時45分始業にしました。今は全社そうなっています。とにかくそっちのほうがいいと思ったらぱっと変える。そういう決断は早いんです」

さらに2007年には、性差が残る条項にも手を付けて、社内制度のすべてを男女均等に改めた。

「それ以前は女性工員さんの給与体系は男性と違っていました。それを同じ給与体系にして、その代わり工場内では同じ仕事をしてもらう。もちろん妊娠や育児のような事情があれば別ですが、基本的には同じことをやってもらう。そうやって何年かかけて、溶接作業とか難しい職種もやれる女性が出てきました。もちろん男女では腕力や体力は違いますから、力を使わなくても働けるように道具を使ったり工程を変えたりして仕事を改善しています。産前産後の休暇や出産後一年間の育児休暇が確保され、その後の条件なしの復帰も可能になりました。出産や育児面ではかなりしっかりした制度になっています」

日本の労働市場では、「男女雇用機会均等法」の制定は1985年のこと。その施行は1986年だった。この段階では募集、採用、配置、昇進、福利厚生、退職、解雇といった制度で男女の性差があってはいけないというレベルで、女性の大きな役割である妊娠、出産、育児といった期間における企業の手当てや支援にまでは法律の範囲は及んでいなかった。

やっと「女性の妊娠、出産等に関するハラスメント防止措置の適切かつ有効な実施を図る」ための指針が交付されたのは2016年のこと。そこから日本の労働市場も母性の存在を認めたわけだが、伊奈はその8年も前から、時代の先取りをしていたことになる。

伊奈社長が行った変更（一部抜粋）

モットー：社員のモチベーションを下げてはいけない。社員の物心両面の幸せを追求する。選択に困ったときは社員のためになるほうを選ぶ

①エコプロ 21 で環境問題への取り組み
自社の活動で発生させた CO_2 は自社で販売した環境商材で± 0にすると表明
②人間ドックの費用援助（5 年ごと、5 万円を上限）
③ 2010 年大幅給与見直し（昇給）、全職種、全社員を網羅する給与体系の改善
④リフレッシュ休暇・完全週休二日・有給休暇の取りやすい環境、雰囲気の醸成
⑤もの作り部門への積極策（設備投資、人員大幅増、事務所の建設、職場環境の改善）
⑥見習い期間中社員の処遇を正社員と同一とする
⑦帰省手当年間 1 回支給から 2 回へ改善
⑧持ち家助成金制度の創設
⑨異動による単身赴任の可否を本人の選択に委ね、会社が手厚く支援する
⑩有給休暇 5 日強制取得制度開始
⑪純水素燃料電池開発事業へ参画、水素ボイラーの開発
⑫全社員（6 時間以上／日勤務のパート社員含む）に 2 年勤続すれば２００株の自社株を無償支給する
⑬コロナ禍でのマスク配布、パート社員を含む全社員の休業補償

その結果、プロローグでも述べたが、長府工産の工場では女性の活躍が目立つ。井村が言う。

「女性の比率はまだまだ少ないですが、工場を含めて全社員の3割程度は女性です。2019年で女性は50名。性別に関係なく機会均等になっていて、営業でも女性社員が活躍し始めました。管理職では課長が一名出ました。女性が妊娠や出産を理由に退職することは少ないです。いないことはないですが、工場の新卒女性はほとんど辞めていませんね」

こうした一連の伊奈の決断には、もう一つの裏話がある。

伊奈は社長に就いた時、会長に就いた前社長の存在を忘れていなかった。改革案を思いつくと伊奈は必ず会長室を訪ね、その狙いを説明して承認を受けていたという。

会長室を出てくると「承認された」と井村に言って、「○月○日から実施するように」と指示する。井村が言う。

「伊奈さんも会長を立てたかわりに、会長も伊奈さんの方針には一切口出ししませんでした。鹿児島県人のいいところで、信頼したら一切口出ししない。伊奈さんの方針に全幅の信頼を寄せていたんです」

ちなみに2020年は日本中が新型コロナウイルスの感染拡大で大揺れに揺れた。長府工産では「アベノマスク」が配られる前から、社員全員にマスクを支給した。小中学生をもつ女性社員は、学校が閉鎖されている間は自宅からのリモートワークとなった。

大学生の就職情報サイト「マイナビ」によると、この年の就活生の人気第一位は「コロナ対策をしっかりしている会社」となったという。まさに長府工産はその会社だったのだ。

さらに、福利厚生の福利費から各支社はスポーツジムと契約して社員が自由に利用できる。2021年の4月1日からは新卒者の入社祝い金を出す。そういう新しい制度が次々と生まれている。

そうした福利厚生の手厚さが、社内の雰囲気の良さにつながっている。社員旅行も若手社員で実行委員会を作り、社員同士で企画を決め旅行自体も若手が仕切る。2020年は創立40周年でグアム旅行が企画されていたが、これはコロナで流れた。35周年のときは北海道だったが、2013年に営業利益5億円達成記念ではハワイが選ばれた。国内旅行に比べて海外旅行は希望者が多い。横浜支店や東北支店は、社員によってはプライベートな事情で泊まりができないとして欠席する人もいたが、9割が社員旅行に参加する。

その裏で、伊奈のもう一つの方針を井村が教えてくれた。

「伊奈さんは、社長に就任した時から取締役の出張手当てを社員と同じ額に減額しました。それには私は反対したんですが、それが彼のやり方だと分かって納得しました。出張の大変さは社員も社長も同じだからと言って、そこでも公平性を目指すんです。すごい決断だと思います。社長の出張なんて年間10回くらいだから金額的にはそれほどの効果はないんですが、金額よりも考え方です。伊奈イズムとはこういうものだと、社員に思想を植えつけているんです」

振り返れば長府工産の二代の経営者は、公私の別なく社員思いだった。前社長も赤字だった時代は自分の退職金を削って社員の期末賞与に充てていたという。伊奈も同じ考えで、のち第6章で述べるように「長府工産は社員全員がオーナーだ」として、とある施策に直結している。井村がしみじみと言う。

「私は会社員として非常に希有な経験をしています。こんなすごい社長二人と仕事してるから、大変です」

まさに社員を幸福にする経営は、こうして形成されているのだ。

さらにルールや規則以外の部分でも、伊奈は社員に対して心を砕く。それは「モチベーション」であり「社内融和」といった心の部分だ。

毎年送られてくる誕生カードとそのコメント

「私は伊奈社長と同期入社なんです」

下関の本社の会議室でそう語りだしたのは、本社を担当する鈴木 宏課長（45歳）だった。同期というわりには年が離れすぎている。伊奈が社長に復帰する直前に、鈴木は中途入社したという。だから伊奈体制以前の長府工産は知らないということになる。

鈴木が手帳のポケットから取り出したのは、何枚かのカードだった。

それはなんなのだろうか？

「これは伊奈社長が毎年私の誕生日にくれるカードです。毎年違うメッセージが書いてあります。今年で入社13年目なので、13枚のカードがここにあります。私の宝物です」

鈴木はそう言って、一枚一枚大切そうにカードを見せてくれた。

——これは鈴木さんだけにくれるのですか？

思わずそう聞きたくなる。社員200人を超える企業の社長が、全社員の誕生日にこんなカードとコメントを添えてプレゼントしているとは思えないからだ。

けれど鈴木は当然という表情でこう言った。

「もちろん社員全員です」

これまた驚きの伊奈の「社員を思うアクション」だ。

カードにはこんなメッセージが書かれている。

「誕生日おめでとう。あまり成果を焦らないでいいから、中部地区は将来を見据えて策を練ってください。たまにはこのお金で奥さんにアイスクリームでも買ってやってください」

このカードとともに、百貨店の商品券3000円分が添えられている。現在メッセージはPCで打たれているが、当初は直筆だった。今もサインは直筆だ。

他の社員へのメッセージを見ると、こんな言葉が添えられている。

「誕生日おめでとう。塗装工場の周辺業務にきっちりと取り組んでくれていること聞き及んでいます。板金から塗装、組み立てまでの工程で絶対必要な部分です。これからも丁寧な仕事を期待しています。休日などは好みの味などで楽しんでください」

「誕生日おめでとう。スタッフの入れ代わりが続きました。今度のメンバーは先輩との関係もうまくいっているのではないですか？　基幹システムのデータ作成は進捗していますか？　頑張ってください。休日は初秋の味覚を味わってリラックスした一時を持ってください」

「誕生日おめでとう。社保業務も電子化の時代ですね。君なら余裕でクリアですね。コロナ禍でお母様への気遣いがあると思いますが、家族の健康が幸せの基です。猛暑疲れを秋風で癒して、おいしい味覚を楽しんでください」

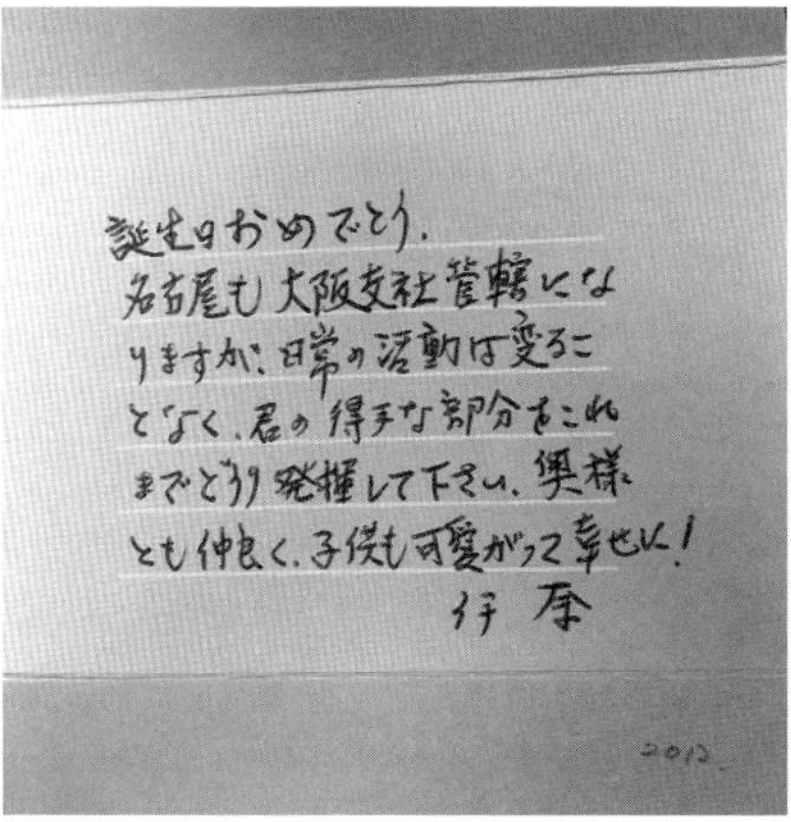
誕生日おめでとう。
名古屋も大阪支社管轄にな
りますが、日常の活動は変ること
となく、君の得手な部分をこれ
までどうり発揮して下さい。奥様
とも仲良く、子供も可愛がって幸せに！
伊藤
2013

現在はパソコンで文章を作成するが、以前はすべて手書きだった

鈴木が続ける。

「これらのメッセージを読むと、社長が私たち社員のことをどれだけ気にかけてくれているかが分かります。私は中途入社した当初は営業所を立ち上げるという使命を帯びて名古

屋に赴任していました。その時に『焦らないで』というこのメッセージをもらったんです。自分はせっかちで成果を急ぐ性格だったので、そのことを言ってくださったと思います。ほんとうに一人ひとりのことをよく見てくださっています」

鈴木はこのカードを机の中に大切にしまっている。

「とはいえちょくちょく見直しているわけではありません。一年に一度、誕生日に新しいカードをもらったときに、すべてのカードを見返して自分の来し方と行く末を考えるんです」

そういって、鈴木は広げていたカードを大切そうにしまった。

このカードだけではない。鈴木には忘れられないことがある。

入社そうそうの年の忘年会でのこと。

今夜は無礼講だと言われて、酒の勢いもあって鈴木は伊奈の前で日頃のうっぷんを晴らすかのように持論を公言したことがある。

「この会社にはなんで役職がないんですか。社長、部長、課長、主任それしかない。普通は係長とかリーダーとかいるものでしょう。みんな個人商店のようにばらばらに動いている感じです」

さらに「給料が低い」「組織ができていない」「手当ても少ない」等々、勢いに任せてそんなことも言ったという。その時伊奈は、にやにやしながら黙って聞いているだけだった。ところが数年後。同じ忘年会の席で伊奈は鈴木のとなりに座ってにこやかな表情でこう言った。

「あの年に君が言ったことはちゃんと覚えとったよ。どうだ。今年の給料やボーナスは希望どおりになっただろう。長府工産は変わっただろう」

その言葉を聞いて、鈴木は襟を正す思いだった。

――社長は入社そうそうの私の言葉をちゃんと聞いてくれて、覚えていてくれたんだ。

だからこそ、2009年に伊奈は黒字になったとたんに社員の基本給を引き上げたし、スキルアップ制度という名のボーナスアップのシステムも作った。もちろん役職もいくつか増えて、このとき鈴木はリーダーとなっていた。

――すべては私たち社員の言葉を聞いてそれにそって経営してくれているんだ。

そう思ったとき、誕生日にもらうカードのこともより一層愛おしくなった。

――社長はいつも私たち社員のことを見てくれている。

そう思えば営業会議の時も、伊奈はあまり業績のことは指摘しない。成績が悪くても、それを理由に怒られる人がいないことは、途中入社で他社の厳しさを知る鈴木には衝撃的だった。

だが数字のことよりも、伊奈はもっと厳しく人を見る。その人が普段社内でどんな行動をとっているか。取引先とどんな人間関係を築いているか。その期になにをしたか。なにをしなかったか。

そういうことすべてを見て社員を評価していると感じるという。

「つまり誕生日のカードが伊奈社長の私への評価そのものなんです。そうやって人を育てるのが伊奈社長の一番の目標なんじゃないでしょうか？」

伊奈の眼は、もちろん工場で働く女性工員たちの働き方や生活もとらえている。

工場でインタビューすると、彼女たちは口々に誕生日カードをもらうことのうれしさを語った。

川村芽依さん（仮名）。入社5年目でお子さんが一人いる。

「うちは息子と私の誕生日が同じ月なんです。だから社長は私の誕生カードにはいつも息子のことも書いてくださって、翔太君（仮名）ももうすぐ誕生日だね。大きくなった？と書いてくれます。息子のことも覚えていてくださるなんて、すごく優しくて感激です」

中田 葵さん（仮名）。入社1年目。

「私もこの前の誕生日にカードと百貨店の商品券が家に送られてきてびっくりしました。頑張ってくださいと書いてあったんですが、新入社員にまでくださるのは驚きです」

伊藤陽菜さん（仮名）。入社1年目。

「私はまだ誕生日がきていないのでもらっていませんが、入社10年目くらいの先輩にカードを見せてもらったら、毎年違うメッセージが書いてあってすごいと思いました。その先輩もすべてのカードを大切に持っていました」

高橋真央さん（仮名）。入社16年目。

「私もいただいたカードはすべて持っています。確かカードとメッセージが始まったのは社長になられて少し経った2010年頃だったと思います。そこに商品券が添えてあるのもうれしいです。下関でただ一軒のデパートの券ですから、いつも買えない化粧品とか化粧水とかを買ったりします」

一人ひとりへの心のこもったコメントと同時に、ちょっと高級感のあるデパートの商品券で女性社員たちのハートもがっちりつかむ。

これもまた伊奈流の真骨頂だ。

社長宅での食事会

もう一つ、伊奈が自分と社員、あるいは社員同士の融和を図るために行っている行事がある。食事会だ。他企業でも同じ目的で、社長と社員がテーブルを囲み食事を共にするケースはあるかもしれない。けれど長府工産の場合は一味違う。

社長と社員がテーブルを囲むのは同じだが、その場がレストランではなく、伊奈の自宅だということだ。しかも年に一度、全員が集まるというのではなく、毎月一度、本社と工場から参加希望者が数人集まって、自分たちで相談してメニューを決め、自炊しながら食事を共にする。伊奈もその日は必ず別に一品用意して皆を迎える。

レストランと社長の自宅とどちらが手間のかかることか？　それは想像がつくはずだ。コスト的にははるかに低予算でできるとはいえ、自宅に社員を招くのは心理的には大変な

あるときの食事会では鍋を囲んで楽しいひとときを過ごした

ことだ。しかも毎月だ。

伊奈は新型コロナが拡大してからも、「普通にやろう」と言って井村を慌てさせたという。社長自ら積極的にこの行事をやろうとするところに、伊奈の社員を思う気持ちが溢れている。

この食事会に参加した時のことを、工場勤務の渡辺花音さん（仮名）が振り返る。

「入社そうそうに社長の家に招かれて食事会に行きました」

そう話し始めただけで、渡辺さんの表情は明るく崩れている。楽しかった思い出を話すのがうれしそうだ。

「周りの先輩方から食事会のことは聞

いていましたから驚きはしませんでしたが、初めて会う本社の先輩たちも話しやすい人たちで、その時私は18歳だからお酒は飲めなかったんですが、ワイワイとした雰囲気で誰とでも話しやすかったです。私たちの時は餃子を作りました」

井村がこの食事会のための資料を見せてくれた。そこにはその年の月ごとの参加者名が書かれている。「製造部門」「技術開発部門」「総務部門」「品質部門」「営業部」、5つの部門から、毎月1~3人くらいの名前があがる。合計で毎回6、7人の参加だ。

「テーマ~全員調理に参加して楽しく会食しましょう」

「強制ではありませんので参加希望の方のみ記入してください」

「新入社員の方はなるべく早めに参加してください」

「印がついているのが幹事です。集合時間やメニューの打ち合わせをお願いします」

その狙いを井村が解説してくれた。

「2020年の春先には、コロナで日本中が大変な事態だったのに、伊奈さんは『やる』というから『それはまずいんじゃないですか?』と止めました。それくらい社長はこの行事を大切にしています。亀浜工場と本社にいるメンバーの中で5~7人が予定表に入っています。本社と亀浜工場で約130人の社員が希望の参加日を選ぶんです。月に一度の開催なので一周りするのに約1年半かかります。狙いは軽く一杯飲みながら胸襟を開いて話し、社内の人間関係づくりと若手の成長を促すためです。こういうときに先輩の話を聞いて、若手も会社の勢いに乗ってほしいと思っています」

渡辺さんの父親は他社で長年勤め上げたベテラン工員ということだが、娘が入社した長府工産の話を聞き、

「そんなに待遇のいい会社はない。絶対に辞めたらいかんよ」

と言ったという。渡辺さんも「絶対に辞めません」と真顔で言う。

全国的にどの産業でも人手不足が言われている中で、この社員の結束力と帰属意識は貴重な会社の財産だ。伊奈の「社員を大切にする」という方針は、ここにも結実している。

35歳までに花開け！という厳しいルール

ここまでは社員に手厚い長府工産の伊奈イズムを書いてきたが、この会社の本質はそれ

だけではないことも記しておかなければならない。否、むしろ伊奈イズムは、これから記す「厳しさ」があってこその「社員を大切にする経営」であると言ったほうがいい。

「楽園を作るつもりじゃない」

この取材において、伊奈は何度もそう言った。

実際、伊奈が社長になって以降の長府工産を見ると、伊奈の厳しい一言で去って行った社員は何人かいる。伊奈だけでなく、年下の上司から説得されて退社した者もいる。

人生35歳区切り説。

伊奈は常に「35歳までに」と口にする。その理由はこうだ。

「残念ながら去っていく社員もいます。いろいろな事情はありますが、辞めていく社員の多くに共通するのは35歳前だということ。すごくいい会社だと思われると思うけれど、それだけでは組織は成長しません。仕事は厳しいものです。組織の成長についてこられない社員は辞めてもらう。誰もが一生懸命働ける環境を作っているけれど、その社員にとって働けない職場であったら辞めてもらったほうがいい。いくら言っても本人が決めきれないときは、私から言って去ってもらいます。そのほうが本人のためになることだったら、あえてそうします。

ただし、その社員の将来を考えたら、うちでは合わなかった社員でも他では花開くかもしれない。その基準は、私は35歳だと思っています。それ以上になると新天地にいっても本人の負担が相当大きい。だから35歳前に判断するようにしています」

どんなに頑張っても営業成績が伸びない社員がいる。仕事に取り組む本気度が足りなかったり、注意しても生活態度がどうしても変わらなかったりする社員もいる。成績もさることながら、伊奈は基本的な生活態度が糺されていないと、トータルで高く評価しない。

例えば部下の社員を呼び捨てする管理職がいた。伊奈は何度も「敬称を付けるように」と指導したが、直らなかった。年上で上司なんだから問題ないだろうとその社員は考えた。ところが伊奈は、人格の問題だから敬称を付けろと譲らない。結局彼は長府工産を去っていくことになった。

あるいは会社が事業スタイルを変えようとしたときに、それに抵抗する管理職がいた。太陽光関連商品やオール電化商品をしっかりと根づかせなければいけないときに、一人反対の方向を向いてボイラーにしがみついた営業をしようとした。しかも後輩が営業に失敗したときに、「だからボイラーをやっていれば」と言い訳にも使ってしまう。

この時は、この男の年下で上司（課長）だった山本が、井村に確認に来た。

「あの人は何度指導してもボイラーから離れようとしません。これ以上組織にいてもらっても、お互いに不幸になるだけです。別の道を探してもらおうと思いますがいいでしょうか？」

もちろんこの報告は井村から伊奈まであがった。

「ああいいよ。そうしなさい」

伊奈もまた、そうせざるを得ない時だと思っていたのだ。

結局その男は長府工産を離れ、いくつかの職業を転々としていたようだが、ある時山本が乗ったバスの運転手として再会した。

運転席から、ピンマイクが付いているのに「長府工産の皆さんによろしくお伝えくださ い」と言うものだから、大きな声となって車内に響く。山本は照れくさかったそうだ。

だが男は自分でも納得して退社したのだということが、これで分かる。そんなエピソードを聞けて、伊奈もうれしかったはずだ。

役割としての肩書き

伊奈が社長になってから、出張手当てを一般社員と同じレベルに減額したことはすでに書いた。社長でも平社員でも、仕事の苦労は同じだと伊奈は考える。だから自分に対して、「社長、社長」と媚びてくる社員も大嫌いだ。支店に会議で出向いたときも、わざわざ目の前にきてご機嫌うかがいをするような社員には、「そんなことは必要ない」とそっけなく言う。社長だから部長だから偉いわけではない。たまたまその仕事ができるからそこに据えているだけだ。年功序列でもない。至って普通のことをやっている。だから変に媚びるな！と言いたいのだ。

その代わり、部長とか課長といった肩書を理由に威張る者も許さない。役割として部長を任せているだけなのだから、人間的にはどの社員も同じだ。

それが伊奈イズムなのだ。

この取材の最中、「長府工産は営業成績よりも人間性が良くないとついていけない」と語る社員に何人も会った。人間性が良いとは一言では説明しにくい概念だが、おそらくはここで語ってきたようなことなのだ。伊奈はこう語る。

「営業成績が思うように上がらなくて、営業会議でずっと下を向いてる社員がいたら、成績が悪いことよりもむしろそのことでその社員が幸せじゃないと思うんです。最低でも2年程度は厳しい言葉を言って奮起を促しますが、それでも駄目でうちにいても幸せではない社員には引導を渡します。35歳までにはあるレベルまではついてこいよと言っていますが、それが駄目なら別の人生を探した方がいいと思うから」

伊奈という人間は、優しさと厳しさの二面性をパラレルに持っている。普通はそれは対局にあるものだが、伊奈の場合その二面は表裏一体だ。

すべては会社が健康に存続するためにやっていることであり、「大家族主義」には絶対に陥らない。社員から見ていい会社になろうとしているわけではなく、一生懸命に働く社員が幸せになる組織を目指す。仲良し倶楽部は絶対に長くは続かない。会社が存続することが結果として本人の幸せになるのだから。

会社とは多くの人にとって糧を得る場であり、発展的に存続することが求められる。経営者としては会社が存続することが第一だと伊奈は考える。

時おり、遠くを見つめるような目をすることがある。

「10年後には私はいませんから。次の経営者も育てておかないといかん。誰にでもチャンスはある。最適の人が社長を務めてくれたらいい。社員全員の幸福を追求できる会社を、次代にもつなげないといけませんからね」

新入社員教育

次代の長府工産を作るために、伊奈の新入社員教育は徹底している。

まず仕込むのは社会人のマナーからだ。それは生活習慣改革と言ってもいい。

例えば横浜支店では、何千万円もかけてビル全体をリフォームしてからしばらくは外注の清掃業者を入れていたが、統括責任者の山本はしばらくしてそれをやめた。今では社員自らが社内のゴミを自分たちで拾って掃除している。もちろんトイレ掃除も自分たちでやる。外注をやめて全部自分たちで掃除するようになってから、むしろ社内はきれいになったという。

自分たちの仕事場は自分たちできれいにする。それが長府工産の新入社員教育の第一歩だ。

山本が若き日の自分を振り返る。

「私が新入社員の時も、本社で最初の仕事は雑草むしりでした。会社の周りの草むしりを部長から頼まれて、朝4時に行ってやったものです。みんなが出社する頃には終わっていたので、誰も私がやっていたと気づかなかった。頼まれた部長に報告すると、『そんなつもりで言ったんじゃなかった、あの日だけ頼んだつもりだったのに』と仰ったけれど、じゃどんなつもりだったのか？　とにかく会社の清掃は自分たちでやる。それがわが社の基本精神です」

山本が関東営業所時代は、現専務の井村が上司だった。山本が出社すると会社の周囲にはいつも雑草がない。それが当たり前だと思っていたら、ある時井村に怒られた。

「会社の外には雑草が生えているのが分からんのか。社の敷地の雑草はいつも私が抜いていたんだ」と。

あるいは大阪支社に出張に行ったときには、こんなこともあった。

「当時支社長だった伊奈がトイレのタオルを替えていたんです。支社長がトイレのタオルを替えるんですか？と聞いたら、『おかしいかね？』と言われた。ぼくはおかしいと思いました」

その後のことを山本が言う。

「関東営業所でも次の日から事務所を離れる日まで、私が雑草を抜いたりトイレの掃除をしました。だから関東営業所で井村専務はその日以降雑草を一度もみていないはずです。ぼくが休みの日に必ず雑草を抜いていましたから。4年目にたまたま私が雑草を抜いていたら井村専務が会社に来られて、『あ、君がやっていたんか』と驚かれた。

草むしりとかトイレの清掃の仕事はすごく大切です。なぜなら、会社の周囲の草を丁寧に抜いたりトイレの掃除をしたりする人が仕事で手を抜くでしょうか？　絶対に手を抜かないはずです。そういうことを人間教育というのです。もちろんそれは自分たちのためです。イエローハットの鍵山社長（当時）はトイレの便器を手で拭くというじゃないですか。すごいなと思います」

新入社員もそこから鍛える。それが長府工産の社員教育だ。こういう基本的なことができないと始まらない。山本が続ける。

「そういうことは本来は会社に来る以前から教えられているはずだけれど、来たからには

『こうやったらいいよ』とは発信しています。『やれ』とは言いません。でも10人に1人くらいは、やってみて目から鱗を落としてくれる。そういう人は伸びます」

伊奈が新入社員に諭すようにこう続ける。

「新入社員はすぐにできることは少ないです。数年単位で具体的なビジョンをもちつつ一歩一歩やっていくことが大切です。半年くらいは無我夢中でなにも分からないでもいいんです。焦ることはない。教わることは確実に身につけていきなさい。スピードよりも正確さが大切だと常に言います。事務系の人も、採用して3日もたてば仕事の流れだけは分かるようになります。でもそこでミスがあったら、先にいけばいくほどミスの影響は大きくなる。仕事が早く仕上がってもミスがあったらそれを取り返すために時間がかかります。仕事が全部飛んでしまう。だからミスのない方法を優先的に考えなさいと諭します。

新入社員には生産性は求めませんから、仕事の基礎と正確性を求める。間違いはベテランでもある。1年間は生産性は低くてもいいから間違えないこと。そして人間としての基礎を作ることです」

つまりある本を読んでも、本の影響を受けられる人と受けられない人というのは本を読む前に決まっている。本を読んでがむしゃらに学ぼうという人は、どんな本を読んでも勉強になる。でもその気持ちがない人は、何を読んでも一緒。なんの変化も起こらない。そのわずかな差が日々重なって、やがて大きな差になる。そして35歳を迎える頃になると……。

長府工産での仕事は、究極的には人間づくりなのだと、伊奈も山本も言いたいのだ。

組織の透明性

そして社員にこれだけ厳しく当たっている代わりに、伊奈は自らに課していることがある。それは長府工産という組織の「透明性」を確保すること。組織が長く正常に機能するためには、透明性が必要不可欠だと伊奈は肝に銘じている。

伊奈は常に言う。

「組織には透明性が大切です。社員には公平でないといけない。会社と社員は信頼関係にあるわけだから、会社と社員をフラットにしようとしています。

わが社は上場企業ではないから経営が世間に晒されていません。上場企業は世間の監視があるけれど、うちは監視しているのは社員しかいない。だから経営者としては社員の目を裏切らないようにすること。まず健全経営を常にやっていかないと社員から疑われます。結果を出すことと透明であること。リーダーシップはそうでないといけないと思っています」

このことは後の第6章で述べる伊奈の大英断にもつながるのだが、伊奈は基本的に全社員がフラットだと考えている。役割としての社長や部長、課長はあるけれど、会社を支えているのは全員だ。3年前からそう強く発信している。経営がいいときはいい、悪いときは悪いではなく、少々の波があっても安定した経営ができること。社員と厚い信頼関係を保てること。会社を支えているのは社員全員であり、そのためにも透明性は不可欠なのだ。

2017年度に2年連続で達成していた売上200億円を切ったことがあった。その時のことを、伊奈は「減収・減益を可とはしませんが、階段を上り続けてきて踊り場にさしかかった状態と受け止めております。悲観的にとらえて慌てるのではなく、現状分析と将来予測をもとに今年度から次のステップを目指します」と表現した。

その時も伊奈は、社員に対してははっきりとその事実も理由も述べた。

「うちにはしっかりと蓄えがあるから1、2年は売上が低迷しても大丈夫だ」

そう言って売上の数字を社員に公表し、きちんとした裏付けも説明した。その結果ことさらに社員の不安を煽ることなく、3年目にはしっかりとした結果を残した。

「結局社員が頑張ったから結果が出るんです。社員の頑張りに公正公平な評価ができれば全員のモチベーションを維持できる。そうやっていけば業績も上がっていく。会社とはその繰り返しです」

それもまた、伊奈イズムの骨格をなす大きな考え方だ。

第4章

機械にも人にも積極的に投資し、士気が下がった工場を立て直す

負の遺産

2007年に伊奈紀道が社長として長府工産に復帰して以降、その決断力と指導力により同社では「メーカー商社に脱皮する」、「働き方改革を断行する」という二つの大きな改革が行われた。これらは社員の努力と粘り強い取り組み、さらには「エコ志向」や「働き方改革」等の時代の要請もあり、見事に大輪の花を咲かせたと言っていいだろう。

だがもう一つ、伊奈にはどうしても着手しなければならない課題があった。それは会社創立以降長い間長府工産をリードしてきた「物づくり部門＝亀浜工場」の「再生」だった。かつては会社の看板商品を生産して売上の基盤となり、同社のレゾンデートル（存在意義）でもあった製造部門だ。だが時代の流れの中で、それはいつしか「負の遺産」となり、経営の重荷となっていた。

あるいはこの時の状況を冷静に見れば、経営者なら誰しも、すでに過去の遺物と化していることの部門は切り捨てるか、M&Aで他社に売却するという手法も考えるのではないか？　そうなってもおかしくない状況であったし、実際に前の経営者は外部から次期経営者を招聘するという決断をしたのだった。だからこそ、その方針に反対した伊奈は、2005年に自ら専務を退くという道を選んだのだ。

だが述べてきたように、前経営者の決断は裏目に出た。幹部社員たちは経営者に直訴して、伊奈を社長として同社に戻すという行動に出た。

伊奈を社長に連れ戻すまでの激動の数カ月間には、製造現場でも大混乱が起きていた。そしてその混乱を乗り越えて「伊奈社長」が誕生してからも、マーケットの流れが変わらない以上、製造部門は長府工産のお荷物であることは変わらなかった。

この負の遺産を伊奈はどうしようとしたのか？

そこにもまた、「社員ファースト」の経営を標榜する伊奈イズムが太い潮流を作っている。まずは伊奈の「復帰」の前後を製造現場の人間たちはどう見ていたのか？

そのシーンから見てみよう。

混乱する製造現場

それまで創業から約四半世紀、順調な歩みを見せていた長府工産の物づくり部門＝亀浜工場にかすかな亀裂が入ったのは２００４年のことだった。

その当時長府工産のメイン商品は石油ボイラーであり、年間40億円程度を売り上げていた。工場の社員数も創業時の約2倍、あと少しで１００人に手が届くという規模。ラインもフル稼働して月間で約３０００台、年間では3万５０００台余りの商品が市場に出て行く。それまでの長府工産史上、最も活況を呈していた時期だったと言っていい。

ところが――。

その中でも最も市場で売上が伸びていたとある商品に、ある時大きな瑕疵が発見されたのだ。当時工場の一工員として働いていた、現在の工場長・黒川和成が当時をこう振り返る。

「私はその製品の製造を担当していたのですが、リコールに近いくらいの不具合を出してしまって大きなクレームが発生してしまったんです。2004年くらいでしたでしょうか。それまで工場は順調に稼働していたんですが、ここから実は下り坂に入るんです。もちろん市場全体でも石油ボイラーはいずれマーケットが縮小し始めると言われていましたが、当社ではそれがきっかけで市場よりも一足早く縮小が始まりました」

当時のボイラーは、直圧式の機種が市場でいちばん伸びていた。現在は直圧式と貯湯式では7対3くらいの割合になっているが、それが出始めの時だった。その当時はまだ貯湯式が7割、直圧が3割程度。絶対にマーケットはこの新方式でひっくり返るという図式が見えていたので、各社ともに直圧式の商品に力を入れて開発を急いでいた。

ところが長府工産が売り出した商品に、根本的な不具合が発見されてしまう。市場でも不具合が出たとクレームが入り、全台交換という騒ぎになった。長府工産のような小さな規模の工場で出荷した全台を交換するとなると、その処理だけで2、3年かかってしまう。

黒川が当時を振り返る。

「その時に工場全体がみんな沈んじゃったんです。なんか暗い感じになってしまって。返品された製品を廃棄するための分別作業で、製品をばらしたり解体したりする後ろ向きの作業ばかりになってしまった。そんな仕事ばっかりしてたらそりゃ沈みますよ。だけどやらざるを得ないっていうことで、2、3年はそればかりやっていました」

クレーム処理で工場内が暗くなったのが2004年頃だとすると、伊奈の退社は2005年だから、亀浜工場で起きたこの事件が、伊奈の進退にも少なからず影響していたことになる。実は工場だけでなく、本社でもこの頃、ある「変化」が起きていたのだ。

・現れた外部の人間

黒川たち工員にもはっきりと社内で起きている「変化」が見えたのは、2004年頃のことだった。前社長の肝入りで、ある日突然亀浜工場にMという人物が「営業部長」の肩書で現れた。その日以降、それまでの工場のあり方をどんどん変えていく。それは製品の品質を上げようというものではなく、ひたすらコストカットを主眼としたものだった。頑張って売上を伸ばそうという社員の心とは乖離する方向だったのだ。

――あの人は東京のコンサルタント会社の人らしい。社長はこの工場を売り飛ばそうとしているみたいだ。M&Aで高く売れるように「身繕い」をしているんじゃないのか？

社員たちは陰でそう言い合っていた。その頃から、石油ボイラーの市場が急速にシュリンクし始めたこともこの噂の根拠だった。

問題は、このときの長府工産には二つの「派閥」があったことだ。

一つは専務の伊奈や井村たちの営業部隊だ。こちらは西日本地域だけでなく東北・北海道も見据えた営業エリアを構築中で、全国を飛び回って営業を展開している。第５章で詳述するように、伊奈は「ファーストコールカンパニー（お客さまから最初に電話をもらえる会社）」を目指して、身を粉にして営業現場を飛び回っていた。

その一方で、製造現場を仕切っていたのは前社長だった。こちらも現場のたたき上げの人物で、かつてヒット商品の数々を生み出した実績がある。伊奈よりも一回り以上年上で、長府工産創業以来数々の困難を解決してきていたが、一方で独裁的にならざるを得ない部分もあった。

彼の頭の中では陰りゆく石油ボイラーの将来を憂いて、工場を売却することも視野に置いていたかもしれない。

問題はこの営業部隊と物づくり部隊が真っ二つに割れてしまったことだった。

物づくりの現場にいる当時の黒川の直属の上司は、外様のＭ氏の考え方にすごく共感して支持した。ところが専務の伊奈や井村たちは営業派として、Ｍ氏の考え方にはどうしても共感できなかった。営業部隊としては、売れなくなることが見えている石油ボイラーだけでなく、市場が期待する新商品に力を傾注しようという意見だった。それはオール電化製品であり、エコキュートと呼ばれる商品だった。

当時の社内の様子を、黒川が振り返る。

「私が違和感を持っていたのは、当時、営業部がいろいろ注文をとってきて、『早く作ってくれんだろうか？』みたいな話はたくさんあったんです。現場の責任者としては、『頑張ればできる』と思っていたんですが、そのオーダーを受ける工場の部長クラスの人が、『できん』と営業に言ってたんです。ぼくはすごくそれに違和感を持ちました」

つまり言ってみれば、二派閥の対立から、嫌がらせに近い行為が横行していたのだ。まだ一工員だった黒川には、どうしようもない対立だった。

「お互いに相手が気に入らないから、まぁ無茶を言ってくるわけですよ。これからはこうしてくれ、ああしてくれって言ってるにも関わらず、また無茶で返してくる。ここは小さい会社ですから、そんなの当たり前にあるわけですよね。私はそれで鍛えられたともいえます。私は当然上司に、『そのオーダーならできますよ』って回答するんですけど、上司が『そんなん急がんでいいから』と言う。そんなことしてたら会社がもたないだろうと、すごく違和感がありました」

・工場を売り飛ばす？

その頃から、工場内では目に見えて人員がどんどん減っていった。社内の雰囲気が悪く会社の将来を見限って自ら他社に転職する道を選ぶ人も増え始めたのだ。

社内のコミュニケーションが悪くなり、人が辞め始めるともっと雰囲気が悪くなる。まさに悪循環だ。誰が見ても最悪の時期。営業部門と製造部門の関係は最悪。売上は落ちる。将来の見通しは立たない。黒川もまた、深く沈んだ時期だった。

「人が辞めていくのはリストラではなく、おそらくこの会社はもうだめだろうなって判断して辞めていく人が多かったんです。私の先輩や同僚も何人も辞めていきました。そもそも私が入社したときも、上に5人くらいしかいなかったんですが。本当に若いメンバーで20代とか下手したら10代のメンバーでやっていたのに、そこからも退職者が出たんです」

社内では、製造部門のコストカットやリストラがうまくいったら「きっと経営陣はM&Aで工場を売っちゃおうと思ってるんだ」という噂が流れた。

それに反対する営業部は、人事的にも虐げられたような扱いを受けている雰囲気もあった。専務の伊奈が発言を抑えられ、「円満退職」とはいえ社を離れることになったのはその象徴だった。

黒川たちは、日々悶々としながら仕事をしていたのだ。

「この時期私らはどうなるんかなと、本当に不安になりました。なにしろ直属の上司は営業部とは反対を向いているわけですから。ぐちゃぐちゃですよね」

主要商材は時代に沿わなくなり、売上は右肩下がりで落ち続ける。社内は派閥抗争で真っ二つ。新しく来たコンサルの指示で現場は大混乱。工場はM&Aで売り飛ばされる噂で持ちきり。

そうなったら私たちの雇用はどうなる?

黒川たち一般社員にとって、それは地獄の日々だった。


現在から振り返れば、長府工産は第2章で記したように、その泥船から伊奈の復帰で蘇った。伊奈に新社長として復帰してもらうこと。社の方針として、メーカー一本槍から商社機能も持つ複合スタイルに転換すること。

そしてもう一つ。伊奈たち新経営陣が掲げた大きな方針は、どんなに製造部門が疲弊しても決して投げ出さないこと。工員の雇用を死守して製造を続けて、商社でありながらメーカーとしての機能も維持すること。とにかく社員の雇用をなにがなんでも守ること。それが社員ファーストを掲げた新生長府工産の経営の根幹となった。

だがそれは、今日でも大きな課題として引きずるとてつもない巨大な経営の壁であることは間違いない。伊奈の復帰後も、亀浜工場は茨の日々だった。

再生への道筋

２００７年４月に伊奈が社長として戻って以降も、長府工産の亀浜工場は依然として厳しい経営環境にあった。

伊奈が来たことと前後して、「営業部長」の名刺を持っていたコンサルタントのＭ氏の姿はなくなった。Ｍに同調していた黒川の上司も、時を同じくして退職していった。その直前、黒川はこの上司に呼び出されてこう言われた。

「この会社はもうだめだぞ。伊奈さんに社長を頼むようじゃこの会社は終わったな」、と。

黒川はこう振り返る。

「今でもはっきりと覚えています。この社長だとだめだから、黒川さんも辞めることを考えたほうがいいよと言われました。その後その上司はすぐに辞めて、私はそのタイミングで会社の指示で現場から事務所にあがったんです。事務所がどうもこうもならんようになって、ちょっと人員を増やさないといけなくなった。もともと現場のことだけをやっていたのに、事務方の仕事をやるようになりました」

黒川には、それまでの「班長」に代わって「主任」の肩書がついた。その後、退職した上司の右腕だった人も辞めて、組織はぼろぼろだった。品質管理の人間が製造部長となったが、当初は慣れないからうまく仕事は回せない。

結局工場内で製造現場のことを分かっているのは黒川だけだった。黒川にしても、事務方が担当する資材の調達や顧客との交渉は、誰に教えてもらうこともなくひたすら実践で身につけていくしかない。その状態が1~2年続いた。黒川はあまりのハードワークで毎日午前様、土日もない状況だった。

このときは伊奈ももどかしかったはずだ。もとより営業畑の伊奈は、製造現場のことは分からない。そこは前社長の領域だったから、口を出したこともなかった。

黒川が振り返る。

「伊奈さんが社長として来られた当初は、あまり接点はなかったです。もちろん声は掛けていただきました。伊奈さんも工場が大変だと分かっていましたから、頑張れよっていう感じで帰りがけに声を掛けていただくとか。私もまだ自分の仕事がよく分かってない状況だったので、それに答えようもないところもあって。最初はそういう関係でした」

だがこの時、黒川たち工場に残った工員にとって、唯一安心できたことがある。

それは、伊奈が明確に、「工場の雇用を守ることが一番」と表明してくれていたことだ。経営の常識で考えると、工場がこの状態だったら売却するとかM&Aをしかけて他社に譲渡するとか、経営改善を目指すやり方はいくつかある。けれど伊奈は、「やっぱり雇用が中心。事業を中心に考える」と黒川たちの前で明言してくれたのだ。伊奈はこう言った。

「もちろんいろいろなシナリオはあると思うけれど、今この工場で働いている人の幸せ、職業上の幸せを第一義的に考えよう。その中で自分たちでできることを高めあって、それで勝負しようや」

だから黒川も、「当然工場の再生なんてやったことがないから失敗もあります。でもめげずに成功するまでやりましょうよと言えるような、そういう感じになりました」と振り返る。

もちろん工場をめぐる経営環境は厳しかった。

石油給湯機の市場はどんどん縮小し、物づくり部門は長府工産全体の数パーセントしか売上がない。そこに全社員の4割がぶら下がっていた。常識的に考えれば、リストラがあっても仕方ない状況だった。

けれど伊奈は、きちんとメーカーとして生き残っていくという方針を就任当初から打ち出して、「新規事業への予算とか工場維持の費用とかは心配するな、可能性があるものだったらなんにでもチャレンジしろ」と、ずっと言い続けた。

そして社長自らが営業マンとなって、こんなアクションも起こしたのだ。

社長自らのどぶ板営業

「おい黒川君、ちょっと一週間ほど私と付き合ってくれや。一緒にお客さんのところを回ろう」

2009年のある日、伊奈は工場にやってきて黒川にそう声を掛けた。

「一緒に営業」などと言われるのは初めての事だったから、黒川は一瞬身構えた。

「4社か5社くらい回るぞ」と言って、伊奈はさっさと飛行機を予約して、営業回りの準備を始めた。

このとき伊奈は、社長になってからついぞやったことのないお客さんへの飛び込み営業を始めていた。消火器を作っている会社とかパチンコのコイン関連の工場とか、長府工産亀浜工場がもつ板金技術が使えそうな業種を吟味して、一本釣りのような形で営業を仕掛けたのだ。もちろん営業部隊が行っているオール電化の製品とか、住宅建築現場で使われる設備関連とはまったく違う、亀浜工場のための営業だ。

その営業電話でいいレスポンスが来たところを、黒川と二人で回るという。商品の具体的な加工のことは伊奈には分からないので、現場を熟知した黒川に説明させようという考えだ。亀浜工場再生のために、まったく新しい仕事を取りにいったのだ。

黒川が振り返る。

「最初に行った先は神奈川でした。神奈川が2社と大阪が3社。移動しながら初めて社長といろいろ話をさせてもらいました」

伊奈は常に言った。

「うちの工場の設備を使ってできるものは何なのか？　それが分かっているのは現場を分かっている君たちだから、営業が動くよりも君たちが動いたほうが早いだろう」

黒川もそう思ったので、「分かりました、やらせてください」と、営業を志願した。もちろん契約が決まれば、それに必要な設備などは工場に導入してもらうことになる。コスト負担を承知のうえで、新商品を売り込む作戦だ。

とはいえ、そう簡単に石油給湯機に変わる新しいキラーコンテンツは見いだせなかった。

例えばオフィスに備え付けるキーボックス製造のオーダーがきたことがある。

「キーボックスって石油給湯機に比べると単価が低い。売上を大きく押し上げるものではありませんが、そういうオーダーもこなしました。あとは太陽光発電のパネルの架台。これは2010年頃に結構やりました。FITの買い取り価格が高くて市場が急成長している時代だったので、それに合わせてずいぶん作って売りました」

ところがこれもFITの買い取り価格が安くなったり補助金が少なくなったりで、太陽光発電が下火になると当然架台のニーズも下火になる。いつのまにかオーダーは完全にゼロとなった。

そういうとき、伊奈は必ずこう言った。

「君らは心配せんでもいい。うちには十分蓄えがある。今仕事を全部失っても、2、3年君らが食っていける蓄えはある。だから心配せんで、とにかく目の前のことに集中しろ」

年に一度の全社会議のときも、伊奈は同じ言葉を全社員の前で言った。黒川には、その後も続いた営業行脚の折りに、必ず同じ意味の言葉を語った。

「君たちは余計なことを考えなくてもいい。安心して目の前の仕事に邁進してほしい」と。

そう言いながら伊奈は、したたかに次の手を考えていたのだ。

例えば飛び込み営業を続けながら、伊奈と黒川で意見が一致したのは「塗装」部門に関することだった。

「板金が得意な亀浜工場の仕事でネックなのは塗装でした。工場にその技術も設備もないのでそこだけは外注に出さないといけない。新商品の見積もりを出しても、結局コストをはじいてみたら外注費で売値がガンと上がってしまう。そうすると他社とは勝負にならない。この値段ではお断りとなる。そこで伊奈社長から、じゃあ塗装部門をつくるかという提案がありました。トータル2億円くらいかけて塗装のための建屋と装置を２０１８年に導入することになったんです」

このときできた塗装部門は今も健在だ。敷地内の一角にある塗装専用の工場で、工員が夜勤を入れた一日三交代制で稼働している。

それだけではない。伊奈は次々と工場再生のための施策を導入し続けた。

もう一つのキラーコンテンツ。それは地方の中小企業ではありえないことだが、当時の会長の尽力で大物プレイヤーとの出会いが実現した。

事業再生男の登場

「私のこの工場でのミッションは、この工場で何を作ってもいいからとにかく工場と工員が生き残れるようにすること。それを模索してほしいというミッションを、伊奈社長からいただきました」

そう語るのは、現在取締役製造統括部長、物づくり部門を統括する今出秀則（63歳）だ。

2014年の6月、伊奈体制も7年目を迎えた頃、今出は東京の自宅を引っ越して故郷の下関に戻ってきた。実家の父親が脳卒中で倒れ、介護をしないといけないというのが主な理由だった。

今出の父は、かつて長府工産で役員を務めていた。伊奈にとっても先輩ということになる。その旧友の子息が、実は日本の中枢で希有なポジションで物づくりの現場を統括していた。そんな才能が帰郷するということで、伊奈はすかさずリクルートに走った。

その申し出を受け入れて、今出が長府工産亀浜工場をのぞいてみると――。

「そのとき工場には製造部門だけが残っていて、ＣＡＤのトレースといった技術系の事務方は本社のほうにいました。今も技術開発部という部署で本社の建物内で活動しています。工場に残っていたのは約50名。最盛期の半分の人員でした。

伊奈社長のミッションに対して私は、分かりましたやりましょう、と答えました。当然生産高は最盛期よりもずっと落ちていて、人数もそれに合わせて相当減っていました」

まさにどん底の工場がそこにあった。

今出がまず手を付けたのは、工場内の配置換えだった。前職時代に全国幾多の工場を見てきた今出の目には、亀浜工場はあまりに雑然としすぎていた。ラインの流れや工員の動線がごちゃごちゃで非効率すぎる。「まず都市計画からだ、道路を作ろう」と言って、通路がすーっと縦横に伸びるようにブロックごとに工程を作り、機械の配置や材料や人の流れを整理した。

その過程で、今出はそれまで見てきた他の工場と長府工産の工員の違いを肌で感じていた。

通常、人は自分が所属する組織の売上が下がったり、それまで売れていたものが売れなくなったり組織内で混乱が起きたりすると、「すさむ」ものだ。それは工場内の細部に顕著に現れる。例えば部屋やトイレの掃除の状態や、廊下や通路に落ちているポイ捨てタバコの吸殻などがそのバロメーターになる。

長府工産の物づくり部門も、今出がそこに現れる数年前から、ずっと右肩下がりの「下り坂」にあった。メインとしてきた石油給湯機の市場は収縮し、それにかわる新しい商材が開発できたわけでもない。工員の数も激減し、やりがいのある仕事があるわけでもない。

ところが今出が不思議だったのは、にもかかわらず亀浜工場の工員たちのモラルが高い水準を維持していたことだった。こう振り返る。

「データを見ると下り坂がずっと続いてきているので、普通は工員のモラルが下がるものです。要するに働いても働かなくても同じなんだから働かなくていいならそれに越したことはない。そういう人たちが残って、やる気のある人は辞めていく。そうやって工場のモラルは下がっていくんです。ところがこの工場はそうなっていなかった。モラルは低くない。もちろん生産量は減ってるし、工員さん一人が一日やる仕事量がない状態だから、午前中はこの仕事をして午後は違う仕事をしてっていうふうにやらないと仕事量が賄えない。本来そんな状況では効率は上がらない。けれどこの工場の人たちは、それでも一生懸命働いていたんです。これは珍しい現象だと思いました」

その裏には第3章で述べた「働き方改革」の影響があったのだが、今出はこの段階ではそのことは知らなかった。

これはもしかしたら奇跡の再生ができるかもしれない。

タバコの吸殻一つ落ちていない駐車場や掃除が行き届いた控室、事務室を見ながら、今出はそう思った。それはそれまでの今出の経験が言わせた言葉だった。

なぜなら今出は、ある意味で事業再生のスペシャリストだったからだ。社員数千人の超巨大企業から従業員数十人の町工場まで、今出はそれまでにありとあらゆる生産現場を見てきた。しかも何らかの理由で経営が傾き、市場から退場しないといけないかもしれないという瀬戸際の企業ばかりを。

人呼んで「事業再生のプロ」。

その本能が、長府工産亀浜工場の微かな希望を嗅ぎ分けていたことになる。

・今出秀則という男

「私のバックグラウンドは、もともと造船関係の官僚です。前職は国土交通省で造船関係を担当していました。高校まで地元の下関で学び、造船学科がある大阪大学に進んで大学院まで行きました。勉強が好きで（笑）留年して7年も行って、そのあと建設省とくっつく前の運輸省に入って希望どおり造船部門の配属になりました」

今出が淡々と言う。霞が関の元キャリア官僚にこんなところで出会うとは。今出が続ける。

「退職する時は船舶産業課長でした。課長をやった後に上司にはもう役所を辞めたいと言ったのですが、退職を準備する期間、研究所の企画部長に一年在籍していました」

霞が関の課長といえば、行政の最前線、ばりばりのキャリアだ。

時には直接政治家の相手もする。今出はある時福島県選出の大物議員N先生の事務所で、約40分間雪隠詰めになったことがある。議員の不満を聞き、国の方針を懇切丁寧に説明すると、「最初は叱り飛ばそうと思ったが、君の話を聞いたらまぁ分かった」と議員が言って事なきを得たこともある。

しかも今出は、単に課長という役職をこなしていただけではない。その時代にあった大惨事からの復興が、彼を鍛えたといっていい。

それは2011年3月11日、東日本の湾岸線一帯を襲った大震災だった。

「東日本大震災が起きて私の人生は変わりました。それまでは言ってはなんですがチャラチャラ生きていたんです。ところが東日本大震災が起きて、東北一帯の港も船も造船所もすべて壊滅して、事業再生作業をいろいろとやらないといけなくなった。2011年3月11日。あの日からずっと東北の人たちと付き合ってきて、そのしぶとい生きざまに感銘も受けたし、事業の厳しさも尊さも分かった。やっぱりチャラチャラ生きてたらあかんなぁと改めて思ったのです」

そんな中で脳卒中で体が不自由となった父親の介護を、年老いた母親一人に任せるわけにもいかなくなった。長男でもある自分が親の面倒を見る道を選んだというわけだ。

「事業再生を手掛けたのは、正社員数でいうと1000人規模の石巻の造船所とかです。津波で全部やられたY造船所。気仙沼ではもっと小さい造船所も担当しました。

それらの再生案件は一生懸命やりました。その当時思ったのは、民間会社が経営に失敗して市場から退出するのは仕方がないとしても、自然災害で退出しちゃあいかんよということ。でも先輩からは怒られました。行政全体からしたら、なんでそんな小さなところに一生懸命手を尽くすんだって。その先輩には答えました。ここにこそ行政需要があるからですって。あの仕事をしながら人間チャラチャラ生きていたらいかん。私は小さい頃からお調子者で、かつては親に、今は嫁さんに怒られてばっかりいるんですけれど、やるべきことをやるんだと考えを改めました」

実は後述するように、その「お調子者体質」が亀浜工場再生の一つの切り札になっているのだが、まだ今出はそれに気づいていないようだ。

東北震災の後、今出は霞が関の官僚でありながら東北に張りついて、小さな造船所を必死になって再生に向けて引き上げた。事業者再生支援機構や自民党が作った再生システムを使って、なんとか再生資金を捻出して造船体制を整える。単独企業では再生できないところは、複数の企業を合併させて体力をつける。

そんな作業が一段落した時、「これ以上出世してエラくなってどうする」という考えが脳裏をよぎって、前述のように家庭の事情もあって霞が関を退職した。

そこで出会った長府工産について今出は「再生案件とは思っていませんが」とは言うが、亀浜工場に往年の輝きを取り戻すまでに幾重もの課題が渦巻いていることは、東北の案件と変わらない。

「楽しいですよ、思ったとおりにはいかないところが」と、今出は笑って言う。

難しければ難しいほどファイトが湧く。それは事業再生屋としての経験が言わせる言葉なのだろう。

東日本大震災を乗り越えた今出は今、亀浜工場の再生後のイメージを、どんなふうに描いているのだろうか？

・改革

長府工産のスタッフとなり、物づくり部門の責任者になったとき、今出の中で描かれた工場のイメージがあった。

それは「男性と女性が等しく働ける工場」。男女雇用機会均等法の浸透や、２０１８年に成立する「働き方改革関連法」の前夜ということもあり、今出の中には「女性も当たり前に働ける職場」が理想のイメージとしてあった。

その頃黒川は、前述した「塗装工場設立」の相談を伊奈と始めている。そのためには、安定した労働力の確保が必要だった。

そこで今出は思い切って伊奈に相談した。

――工場に新卒女性社員を毎年入れたいと思います。しかも男性一人女性一人の新卒雇用を続けていけば、近い将来男女比が半々になります。それが理想の工場の姿です。

とはいえ赤字なのに社長はそんなことを許してくれるのか？　そんな不安があったこと

も間違いない。ところが伊奈の返事は、

「よし、そうしよう」

その一言で毎年一人（初年度は二人）の女性社員の採用が決まった。これまで書いてきた工場の女性社員たちは、このとき生まれた制度での入社ということになる。

今出が振り返る。

「確かに私は伊奈社長に、投資しないと勝負になりませんとは言いました。でも私が入社した2014年から今日まで、残念ながら物づくり部門は赤字が続いているんです。その状況で新人採用を認めてくれるとは。伊奈社長には感謝してもし切れません」

この時伊奈は、こう言った。

「分かった。製造部門が頑張って自立するまで、営業部門で稼いで支えにゃいかん。その間に製造部門はわが社でないとできないものをなんとか見つけ出そう」

二人には共通して分かっていることがある。それは物づくりの難しさだ。

営業部は、「メーカーからメーカー商社へ」というスローガンを掲げた。全員で頑張れば、2、3年かければ商材と売り方のノウハウが定着して組織の体質転換ができると踏んだからだ。

ところが物づくり部門は、それまで作ったことがないものはおいそれとは作れない。逆に言えば同じものを作っても、石油ボイラー製造から始まった会社と化学製品製造から始まった会社では、できるものが違う。これしか作ったことがない技術部隊が別のものを作れるようになるには、予想以上の時間がかかるのだ。

今出が来て約6年。まだ亀浜工場の物づくり部門には、決定的な新商品や新技術は生まれていない。その胎動はあるが、決定的なヒットには至らない。

だが今出が来たことで、決定的に変わったことがある。

それは――。

変わる工場

「今出さんに来ていただいてプラスになったのは、工場の雰囲気が変わったことです」

物づくり部門のコンビとして今出の下で働く黒川が言う。

「伊奈社長は非常にまじめな方で、寛大なところもある方です。裏がない。もう本当にまっすぐ進む方。ところが今出さんはそうじゃないです。ちょっと崩れた方なので、そんな真面目なことばっかりやってたら仕事なんて面白くない。多少楽しみがないと仕事はだめだって言って、今までの長府工産の歴史の中では絶対怒られるよねっていうことを次から次へとやっちゃうんです」

黒川はそう言って愉快そうに笑う。

例えば真夏の工場は仕事中クソ暑い。今までだったら水を飲め、タオルで顔拭け、熱中症対策をしろという指示が飛ぶ。それだけだった。ところが――。

「今出さんは違うんです。みんなでかき氷を食べようぜって言い出します。ええやん別にって。倒れるくらいやったらみんなで体冷やそうぜって。そんなノリなんです、いつも。え、仕事中にそんなもん食べていいんですか？　みんなキョトンとしてますよ。でも私たち幹部がかき氷を作るんです。今出さんと私が実費で器具を買ってきて。経費ではあかん、私らがやることに意味があるんだって。今出さんはそういう人です」

二人は自分たちで水素水を使い丸い氷を何本も作り、台湾風の柔らかいとろけるようなかき氷を作った。みんなを喜ばせてやろうと振る舞うと、大好評だった。

「今までだったらこんなことは認められないようなことが、今出さんによって結構変わりました。伊奈社長とは結構ぶつかってるんですよ。社長はどちらかというとそういうのは嫌いなタイプですから。でも結局私たちのやりたいようにさせてくれる。そういう度量をお持ちなんです」

なんだ、今出はお調子者のままじゃないか？　そう思う読者も多いはずだ。だがそこにはちゃんと理由がある。黒川が補足する。

「今出部長がいちばんいいなって思えるのは、形にこだわらないというか、今まではこうだったからというのはどうでもいい。みんなにとって幸せになる、ハッピーになることはなんなのか。それをいつも考えていただけるんです。誰かが我慢してうまくいったことなんて所詮いずれだめになる。必ず何をするにもハッピーじゃなきゃだめだ、と。私はハッピーなんていらんやろって最初は思ってたんです。仕事なんだからそうそううまくはいかんだろうって。でもだんだん変わってきました。みんな仕事していてうれしそうなんです。喜んだ分また雰囲気が変わってきて。性別を問わず若い社員が数名入社したというのも大きいと思います。先輩社員もみんな元気に働いてくれるようになった。私は工場のいちばん暗い時期を知っているじゃないですか。そこからえらい変わったなって。今ではもはや違う工場ですね。私自身も働いてて楽しい。工場の雰囲気がいいですから」

伊奈と今出は時にぶつかり合うとは言うものの、目指しているベクトルは「社員ファースト」「社員ハッピー」と、同じ方向だ。伊奈+今出、そして明るい黒川もいる。

かつての社内対立はどこへやら。亀浜工場は、見事に体質転換を遂げたのだ。

残るは業績の「体質転換」のみ。そう、最も大きく困難で巨大な壁を、今こそ切り崩す体制が亀浜工場にできつつあるのだ。

フューチャー10

・目標
「現在の目標は、当初2019年に黒字化するって言ってたんですけど、これはうまくいかなくてもう二年足して2021年までには黒字化する計画です」

2020年秋のインタビューで、今出はそう語った。この時点での黒字化へのヴィジョンはこうだ。

——亀浜工場では、もともと家庭向け石油給湯器を大量生産するラインを使ってきた。これは生産台数が多くなればなるほどコストが下がり利益が出る。ところが生産台数が激減したために、現在はほとんどラインで流していない。ロールスロイスを生産するように、一つの場所に材料を持ち寄って組み立てて作っている。この作り方は品質を確保する代わりに量産効果は出ない。生産台数が少なくなってきた過程で自然とこの方法に変わってきた。つまり現在の亀浜工場では台数を増やして稼ぐ戦略は採れない。むしろニッチで、うちしか作れないもので付加価値が高いもの。同じ石油給湯機でもそういうものを提供していく戦略を採ろう。

——もう一つは蓄電池に代表される再生可能エネルギーに関連した製品を製造していくこと。2年前から他社メーカーの蓄電池部品も製造するようになって、それが少しずつ売上が上がってきた。2019年が1億円弱。2020年が約3億円。2021年は5億を目標に。今後は自社ブランドの蓄電池生産を目指す。それをいかに早く立ちあげて市場に投入できるかが大きな課題だ。

黒川が言う。

「自社の蓄電池は、もう3年くらい前からずっと研究しています。一般ユーザー向けではなくて業務用の蓄電池。ＢｔｏＢビジネスになる企業さん相手の製品です。この営業も製造部が担当することになっています」

さらに今出が補足する。

「向こう3年の目標で言えば、今言った蓄電池の事業、それと給湯システム。石油給湯機も諦めているわけではないので、これも新しい商品を市場に投入しようということで、今回ＡＩ機能を搭載した商品を出させてもらっています。私どもが今進もうとしているのは、少量生産でも利益が出せる製品の製造にシフトしていくことです。もちろんうまくいくか分からない。ただずっと一般消費者向けにこだわっても市場では淘汰される一方ですし、大きなメーカーには勝てません、残念ながら。私たちの特長を活かして、私たちにしかできないところで勝負してやろうと考えています」

長府工産では、ここ数年は蓄電池とボイラーの二本柱で製造販売してきた。今後は一般消費者向けではなく、企業向けにカスタマイズして長府工産にしかできないことをやっていこうとしている。フルカスタマイズ給湯機等をお客さまの環境に合った仕様で作る。長府工産の規模だとそれが可能になる。今は市場をマーケティングしながら、どういう利用がいちばん多いのかを調べている。お客さまに合わせてカスタマイズするスタイルが長府工産には向いている。それが伊奈と今出と黒川が出した結論だ。

・フューチャー10

もう一つ長府工産が会社全体で掲げている目標がある。

その名は「フューチャー10」。

10年後の将来を見据えての取り組みだ。

今出がそれを解説する。

「2026年頃をゴールにした長期計画を『フューチャー10』と呼びます。これは一言で言えば営業部隊と製造部隊の方向性を一つにしよう。同じ目標に向かって進んでいこうという取り組みです」

これは一つの企業体にあっては非常に珍しい課題だと言えるだろう。普通はどの企業も、営業部と製造部門は同じ目標、同じ市場に向かって歩んでいくものだ。

ところが長府工産の場合、本書で述べてきたような複雑な歴史から、いつのまにか営業部隊と製造部隊が乖離してしまうという現象が起きた。

営業部隊は商社化してどんどん時代の流れに乗っていく。再生可能エネルギーを利用した環境に優しい製品をどんどん住宅に提供していく方向に進んでいる。

一方製造部隊は、「作ったことがあるものしか作れない」というジレンマを抱えながら石油給湯機とその周辺の商品を扱っている。組織体としての一体感はあり、社員のモラルも高いが、このままでは両者はどんどん乖離していく。同じ会社として成立しない。

やはり一つの企業として二つの部門の方向性を合わせて共通の目標に向かって進むべきだ。そこから生まれたのが「フューチャー10」なのだ。

長期の10年計画の先で長府工産は、「お湯とエネルギーに関するソリューションを提供する企業」になる。製造部門を持っていることで技術的な知見があり、それをベースにお客さまに提供できるソリューションも当然付加価値の高いものを提供できる。今技術部隊をそういう方向に改造していって、10年後は同じ目標点に到達する。それが大きな目標だ。

今出が続ける。

「目標としている2026年もあと5年だし、黒字化目標までもあと1年。大変ちゃあ大変なんですけど、面白いです。思い通りにいかないところがすごく面白い。参考図書を読むと、工場をうまいことやろうと思ったら、現場でめちゃめちゃ細かいこといろいろやらないと良くならないと書いてあります。今まで私は机の上でしか考えたことがなかったのですが、今は現場に出ていくようにしています。先頭切ってやるのはあまり柄ではないのですが、そのかわり私の考えていることをマンツーマンで毎週課長さんたちと議論しています。こういう風にするああいう風にする、今日はどうなの？ってマンツーマンでずっと話し合うんです」

今出は工場の業績も現状もすべて工員たちに詳らかにしている。

どんなに明るい雰囲気の工場になっても全員が頑張っていても、数字を見るとまだその効果が現れていない。それが現実的な話で、結果が出ないとまったく意味がない。今最も苦しい、登山で言えば「胸付き八丁」といったところだ。

「工員の方々には赤字だとかどれくらい売上が落ちているのかを数字で説明します。データは全部出している。データを出しただけでは分からないところはどれくらい悪いのかっていう説明もする。全員を集めて年に一回やります。会社全体の売上を示して、それに対して工場部門がこれしかない。赤字額がこれくらい。売上に占める割合が5、6パーセントしかないのにこれだけの人間がぶら下がっていると。ここが黒字化しないといかんでしょうと説明するんです。もちろん私の指導力不足が悪い。それが一番です。それは最初に言っています。それ以外で主力商品の売上がこんな感じで落ちています。危機感を共有して頑張りましょうと語るんです」

工員に正確なデータを出すときに、伊奈は相当心配したという。みんながしゅんとなってしまうのではないか。士気に影響するのではないか、と。

ところが全員に話したあとに今出が若手社員を集めて個人面談で考えを聞いたら、

「ぼくらみんな頑張らないといけないと思いました。長府工産はみんなの会社なんだから、みんなで共有してみんなでなんとかやっていきましょう。無駄遣いしないとか細かいところも気をつけます」

という声が圧倒的だった。

ここにはのちに語る長府工産の驚くべき施策が色濃く影響している。

一つ言えるのは、営業力で史上最高の売上を記録した長府工産には、まだ製造部門という「伸びシロ」があるということ。製造部門からヒット商品やアイディアが出れば、さらに売上は飛躍的に伸びていく。

その可能性を亀浜工場はもっている。

市場を見れば、大きな自然災害が頻発する状況下で、「防災意識」は非常に高まっている。防災住宅、防災コミュニティ、防災ビル、防災自治体等々。そういうなかで再生可能エネルギーの需要は高まっているし、それを制御するシステムも大切だ。

あるいは電気自動車を非常時の蓄電池として利用するケースも増えてきたが、その時必要なパワーコンディショナー（電気を直流から交流に換える仕組み）を制御するプログラムは長府工産の技術で生み出すことができる。

基本的に自社で蓄電池を生産するのではなく、その蓄電池システムを運用するソフトウェアの価値でビジネスを展開する。そのためのプログラムづくりを担う。お客さまにカスタマイズしたプログラムを長府工産が提供するというビジネスモデルを、今構築しようとしている。

今出が言う。

「そういうビジネスモデルが完成すれば、日本中あらゆるところにニーズがあります。お客さまのニーズをきちんと拾い出して経験値を積み重ねていけば、ここからは伸びるだけです。いっぺん落ちましたし、落ちるところまで落ちているんでやるしかないっていう状態ですよね。社員全員やる気はありますし、とにかくやるぞという気概に満ちています」

第5章

「ファーストコールカンパニー」を目指して

――現場第一の徹底で業績が飛躍的にアップ

大晦日の出張

その年の年末12月は、比較的静かに過ぎていった。

時は1990年頃のこと。ひととおりの忘年会や親しい販売店等への挨拶回りやクリスマスの行事も終わり、これで営業所を閉めようという大晦日。当時大阪支社長だった伊奈はすべての仕事を終え、あとは各地の駐在員からの業務終了の報告を待つのみだった。その電話が来たら、伊奈も年越しの団欒を待つ家族のもとへ帰ろうとしていた。

その時、長野県の駐在社員から一本の電話が入った。

「今日給湯機が壊れたというお得意さんからの電話がありました。お正月にお湯が出なかったらいけないので、これから修理に行ってきます」

伊奈は答えた。

「おお、大晦日なのに悪いな。ごくろうだけどお客さまからの依頼だからしっかり頼むよ。もし何か分からないことがあったら電話をくれればいいから。修理が終わったら、さすがに大晦日だからそこから家に直帰していいよ。新婚の奥さんが首を長くして待っているだろう」

伊奈はそう言って、笑いながら電話をきった。静かな年末が、この電話を機に一転するとはこの時の伊奈は思いも寄らなかった。

休日でも年末でも早朝深夜でも、お得意様からの依頼に対しては誠心誠意応える。それが当時大阪支社長を務めていた伊奈のモットーであり、伊奈の下で働く部下たちにもその教えはしっかりと浸透していた。だから大晦日の出勤といっても別に驚くことはない。

しばらくしてから伊奈は、駐在員が向かったお得意さんのところに電話をかけた。その顧客は大切な取引先で、伊奈もよく知っている。年末の挨拶も兼ねて、修理が滞りなく終わったか、電話で確認してみようと思ったのだ。

「もう弊社の営業マンの作業は終わりましたか？　お湯は出るようになりましたか？」

伊奈が問うと、お客さまは喜んだ声で「お湯が出るようになりました。もうお宅の営業マンさんは帰られましたよ」と言った。作業も無事に済んだようだ。やれやれと電話をきって、伊奈も帰り支度を始めた。

ところがほどなくしてそこにまた電話がかかってくる。相手はついさっき電話をきったばかりの長野県のお得意様。今度は一転して動揺した口調だった。

「一度は直ったと思った給湯機が、今またお湯を出そうと思ったら出ないんです。困ったな、もう営業さんは帰ってしまったし。連絡の取りようはないでしょうか？」

この電話を聞いて困ったのは伊奈のほうだった。

この時代、携帯電話はまだなかった。お得意先を離れた営業マンには、大晦日なのだから直帰していいと言ってある。もちろん時間をみて家にかければつかまるのだろうが、駐在所にこの商品の在庫はない。もう一度お得意先に駐在員が行っても、また同じ作業を繰り返すだけだ。それでは根本的な解決にならないのはすでに分かっている。

――私が新しい商品を一台持って長野県に行かないといけないのか？

伊奈はいくつかの対応策を考えてみた。通常の宅配ルートは大晦日や元旦に使えるわけがない。他の駐在所から商品を運ぶことも考えたが、たとえ距離的には近くても大晦日と元旦に社員に仕事を振るのは気が引ける。

とはいえこのままではお客さまはお正月なのにお湯が出ないまま暮らすことになる。それを放置していい訳がない。

ならば自分が商品を持っていこう。それが伊奈が出した結論だった。

伊奈はその次に、大晦日の家族のことを考えた。

普段から出張続きであまり家には帰らない父親だが、さすがに子どもたちは大晦日くらい父は帰ってくると思っているだろう。妻の久美子は夕食の準備をして、三人の子どもたちも父親と一緒に『紅白歌合戦』を見ることを楽しみにしているはずだ。

すでに「○時には帰れそうだ」と電話もしてあった。だがその土壇場で、年に数度しかない家族の団欒を壊すような電話をかけなければならなくなるとは――。

「すまない、長野県に出張になった。このまま会社から行く。元旦の夜には帰るから」

伊奈はそう電話をかけて、今度は長野に向かう自動車の準備を始めた。取り替える商品のみならず、雪国を高速走行するのだから車の準備も大切だ。帰ってくるのは元旦の夜になるはずだから、必要なお金も持っていかないといけない。

伊奈はスーツのポケットに免許証があることを確認した。支社長になって以降、車での営業回りはめったにしていない。財布には十分なお金は入っていなかった。会社の金庫から必要なお金を持っていかないといけない。すでに時計は夜の11時を回っている。コンビニもATMも今ほど充実していなかった時代、お金をおろす術もない。

――会社の金庫から営業経費を出そう。夜中の11時に金庫を開けるなんてえらいことだ。

そうは思ったが仕方ない。

しかも仕事納めで営業車はすべて車庫に入っていた。長野まで積んでいかないといけない製品は、その車庫の奥にしまってある。伊奈は仕方なく4台の車を次々と表に出して、製品を引っ張り出し、また車を車庫の中に入れてシャッターを下ろした。

それからやおらアクセルを踏み込んで、市内の茨木インターから名神高速に乗って名古屋へ向かう。名古屋から中央高速に乗り換えて松本へ。途中からは雪道を夜通し走り、松本に着いたのは早朝5時。まだ初日の出は出ていない。お得意様の家にあまりに早くついてもいけない。「なにせ今日は元旦なんだからな」。伊奈は自分に言い聞かせて車内で仮眠した。

行き先は大町。松本からさらに10キロあまり北。新潟に抜ける道の途中にある。

ころ良い時間にお得意先に到着した伊奈は、新年の挨拶をするとなにくわぬ顔で積んできた製品を取り出し、古いものとそっくり取り替えて帰路についた。

この間わずか数分。たったこれだけのために、伊奈は大阪支社から車を一晩中飛ばして長野県まで来たのだ。けれど伊奈にはなんの後悔も疲れもなかった。

なぜなら伊奈には、常日頃から求めてやまないご褒美が待っていたからだ。

「ありがとう」という言葉の重み

「ありがとうございました。お蔭でお正月も温かく過ごせます。本当にありがとうございました」

工事を終えた伊奈の背中に、お得意様の温かい言葉が何度も何度もシャワーのように降り注いだ。

――お客さまからの「ありがとう」の言葉がいちばんうれしい。

それは常日頃から伊奈が口癖のように言う言葉だった。その言葉が欲しいあまり大晦日の出張をこなしたわけではないが、そう言ってもらえるとどんな苦労も吹き飛ぶ。

冒頭でも書いたとおり、営業マンとして伊奈は、若い頃から人には苦労と見えることでも夢中で取り組んできた。この時のことも、今回の取材でこう振り返る。

「あの時のことは自分や家族を犠牲にしたように見えるかもしれないけれど、そういうことはまったく苦になりません。仕事のことで嫌だとか苦労だとか思ったことは一度もない。

例えば――」

伊奈はこう続けた。

普段の日でも、終業間際に営業の誰かからちょっと手のかかることを頼まれたら嫌な顔をする内勤の人は少なくない。こういう時に内勤の人が笑顔で仕事を引き受けてくれるかどうか。そのことで社内の雰囲気は大きく異なる。普通の上司ならば、内勤の人を集めてこう言うだろう。

――営業マンに頼まれたら笑顔で応えるように。彼らが稼いでくれるから会社が成立しているんだから。

ところが伊奈は違う。内勤者に対してではなく営業マンに対してこう言う。

「こういうときに内勤の人が快く仕事を引き受けてくれるかどうか？　それは営業の君の普段の仕事ぶりで決まるんだよ」と。

それは何を意味しているのか？

伊奈はこう語る。

「内勤の人が営業さんから就業時間ぎりぎりにものを頼まれて、笑顔で応えるか『もう帰ろうとしているのに』とむくれるかは『依頼する側』、つまり営業マンによって決まります。内勤でサポートしてくれている人に営業マンが常日頃から感謝の気持ちをもって、普段からねぎらいの言葉をかけているか？『ありがとう』と常に言っていれば内勤の人もそういうときにちゃんと応えてくれる。だから私は言うんです。『それは営業の君が決めるんだよ』とね」

大晦日の出張の日もそうだったのだ。仕事は苦しいと思ったらその仕事にかかる時間が長く感じるし、周囲の人間にも辛く当たってしまう。お客さまにお正月を温かく過ごしてもらおうという一心で車を走らせれば、長野だってそう遠くはない。まして作業のあとお客さまの「ありがとう」の言葉をいただけたら、営業マンとしては本望。何を苦労なんて思う必要があるのか？

それが伊奈の仕事に対する姿勢であり、部下たちにも繰り返し繰り返し伝えている仕事の神髄でもある。

お客さまからいただく「ありがとう」。社内でお互いに仕事の労をねぎらう「ありがとう」。それは等価だと伊奈は思っている。

その日からすでに数十年。

今長府工産には、働き方の面でその伊奈イズムが浸透している。
例えば年齢で言えば33歳下の大阪支社長・冨永晋一郎は、今日の社員の働き方をこう語る。

規格外の動きを常識とする営業マン

「伊奈社長から、大晦日に修理で呼ばれて長野県まで走った話はうかがったことがあります。その思想というか営業マンの行動は私たちにも受け継がれていきます。お客さまファーストで、休日でも年末年始でもどんな非常時でも、長府工産の営業マンは身を粉にして働く。まずお客さまのために行動を起こすという伊奈イズムは、今日にも引き継がれています。例えば――」

冨永はいくつかのエピソードを教えてくれた。

２０１１年3月11日、東日本の海岸線一帯を襲った東日本大震災の際。日本中の交通網は分断されて、各地の現場には建築資材が届かない状況が多発した。

長府工産が扱う住宅用の建築資材も、メーカーからの供給が途絶えた。その状態が3カ月から4カ月にも及んだ。

工事が始まっていた現場では、途中まで建てられているのに工事が進まなくなる状況が相次いだ。もちろん施主は予定どおりに家が建たないから困惑してしまう。引っ越すはずの家に引っ越せない状況なのに、元の家には次の借り手が来てしまって住む家がなくなるケースが相次いだ。住宅ローンを組もうにも、工事が途中で止まってしまって審査が通らなくなったケースもある。あるいは工事を請け負う工務店にしても、工事が進まないと代金が入ってこないので、社員に支払う給与資金が不足してしまうケースもあった。

現場に入るべき資材が予定どおりに入らないということは、誰にとっても死活問題なのだ。

そういうケースでも、長府工産の営業マンはメーカーの工場にまででかけて資材を調達して現場まで自ら運んだこともあった。流通を通すと4日かかるところを、そうやって1日で資材を現場に運んで工期を短縮するように努力する。それが当たり前の行動だった。

あるいは2016年の熊本地震の時でも、長府工産では発生直後から社長の伊奈や専務の井村が先頭に立ち、営業マンは商売抜きで販売店やエンドユーザーにいち早く製品を届けるためにあらゆる手を尽くした。メーカーとの折衝であったり、現場まで資材を運んだり。

「非常時には当たり前のことです」と冨永は言う。

「熊本の震災の時は本震のあとに余震が何回か続きました。現地の販売店さんが困っているということで、担当営業と支援スタッフで支援物資や石油給湯機を持って行きました。被災地ではある得意先さまのご協力を得て簡易シャワー設備も活躍しました。営業マンが現地に行ってボランティアさんと一緒になって組み立てた。地元の人に喜ばれました」

・日常的な規格外の動き

もちろん非常時は震災の時だけではない。現場によくあるトラブル対応でも、長府工産の営業マンの動きは規格外だ。

ある時、エコ給湯機や太陽光発電などを使った現場で、屋根の形状が販売店さんが設計した図面と実際の現場とで違うという状況になった。現場に合わせた太陽光パネルを設置しないと機能しないが、付け替えるには時間がかかる。ところが新築現場で屋根に上がる足場を組んであるのはもうその日と次の日しかないことが分かった。その時の太陽光パネルはK社のもの。この二日間で現場に合うパネルをもってこないと足場を再度組み直さなければならない。もちろんそんなことになったら予算もかかるし、職人を確保できるのかも問題だ。現場は奈良県。工場は三重県。担当する営業マンは、躊躇なく三重県の工場と奈良県の新築現場を自らの車で往復して太陽光パネルを運ぶ道を選んだ。冨永が言う。

「とにかくその日と翌日で工事を仕上げてしまわないといけないわけですから、担当者はすぐに車を走らせて三重県のK社の工場に向かいました。着いたのは19時、K社も工場を開けて待っていてくれて、営業マンは新しいパネルを手にするととんぼ返り。翌朝一で奈良の現場にパネルを運び入れることができました。K社さんもよく工場を開けてくれていたと思います。日頃の関係もあるので、こういう非常時のときこそメーカーさんも協力してくれるんです」

さらにこう続ける。

「私たち営業マンが求められるのはそこです。人ができないこと。誰もやらないこと。誰もやれないことやりたくないことをやるから取引先さまからの信頼が得られる。伊奈社長はよく私たちに『ファーストコールカンパニーになれ』と言います。何か困ったことがあったら長府工産に連絡したら解決してくれる。あそこならなんとかしてくれる。お客さまにそういう意識が浸透すればば強い。規格外の動きをすればするほど販売店さんやお取引先さんからの信用信頼につながり、それが取引実績になる。そこからまた新しいお客さんを呼んできてもらえる。そのことは、長府工産の文化としてあります」

・ファーストコールカンパニーにつながる「ありがとう」

営業マンの規格外の動き（言葉を変えれば非常識な動き）が「文化」として確立定着している組織。伊奈の時代から冨永の時代まで、約四半世紀の時の流れの中で多くの営業マンが積み上げてきた「文化」。

それがあるかないかで組織は大きく異なる。

そしてそれは、大きなご褒美ももたらしてくれる。

冨永が語る。

「やっぱり私たちがうれしいのは販売店さんから『ありがとう』という言葉を掛けてもらったときです。実際に営業で真っ先に意識するのは売上の数字の部分ですけれども、販売店さんはすごく素直なんで、私たちがいい提案をしたりいい対応をしたりしたら素直な反応を返していただけます。販売店さんから言われる『ありがとう』が結果的に売上の数字にもつながってくる。やっぱり『ありがとう』という言葉がいちばんうれしいです。私は今マネージャーとして会社のデスクに座っていますが、販売店さんからの電話で『今の担当の誰々くん、よくやってくれてるよ、ありがとう』と言われたらそりゃうれしいです。自分のことよりもうれしい。その一言でこの販売店さんはうちを向いてくれてるなと思います」

販売店を巻き込んだ勉強会戦略

・勉強会戦略を「文化」に

その販売店からの「ありがとう」を生み出しているのは、第2章でも書いた「勉強会戦略」だ。しかもメーカーから先生を呼んできて自分たちが勉強する当初のスタイルは現在では大きく変わり、メーカーや市場、取り付け現場で得た知識や情報を販売店と共有するために開催する勉強会のスタイルが、長府工産の「文化」として定着している。

新商品を扱うとき、もちろん最初はメーカーの開発者や担当者を呼んでの勉強会からスタートする。けれどその商品が現場に出る頃には、現場に近い情報を集め、お客さま（エンドユーザー）が何を喜んで何を不便だと思っているのかを徹底的に聞くために、販売店の担当者との勉強会が始まる。もちろんそこには設置工事を担当している工務店の作業員の体験談や、水回りの担当者の声も集められる。支払いのローンを担当する金融関係者の声も時には勉強の対象になる。それらすべてを含めてこの商品は施工しやすいのかしにくいのか、その地域で使いやすいのかそうでもないのか。それらを事前に学んでお客さまに伝えるのが営業マンの役割だ。

「販売店との勉強会もそうですが、お互いに学びあうことを長府工産の文化の一つにしたいと思っています。文化にまで高められれば多分他社はついてこられないでしょう。メーカーさんを呼んで勉強会をするだけではなくて、自分たちが勉強会をしたあと販売店さんに来ていただいてその商品を扱うことによって販売店さんにどういうメリットがあるのか。エンドユーザーさんはどうハッピーになれるのか。そこをどう提案できるのか。そこまで落とし込んでやっていくのが我々がやる勉強会です」

この学びの姿勢を「文化」にまで高めようと自発的に取り組んだのは、「やはり伊奈社長が就任されてからです」と冨永は言う。

市場でも太陽光発電とかオール電化商品がフォーカスされて、商社としてメーカーの製品を扱うようになった時、どういう風に販売をしていくのかの勉強会を伊奈や井村が中心となって立ち上げた。もちろんメーカーとして自社製品のみを扱っていた時は、自社商品について学びあう習慣はあった。それを商社として取り扱う製品にまで広げて、販売店にまで降ろしていく方法は、伊奈が社長に就任してから徹底された。

それを「長府工産の文化にしよう」という意志は、冨永や山本たち若手幹部の間でシェアされている。そのことが徹底されたことで、予想外の効果もあった。

・販売会社とともに成長する

例えばリーマンショックが吹き荒れて経済全体が下落した2007〜2008年頃のこと。

当時経営不振で社会問題化したような業種の企業が、オール電化製品や太陽光製品を販売店として取り扱い始めるケースがあった。もちろん素人に近いから、商品自体が分からないとか売り方のポイントが分からないといった課題山積みだ。

そういう企業が長府工産が主宰する勉強会に参加してくる。長府工産にしても、「ファーストコールカンパニー」を標榜している以上、「何か困ったら長府工産だ」「何か困ったらあの勉強会をしてくれた講師に聞こう」と頼られることは拒めない。

ところがそういう俄か企業は、経営が厳しくなると往々にしてエンドユーザーを無視した営業に走りがちだ。エンドユーザーに高額な商品を売りながら「売りっぱなし」にしてしまったりする。そういうことが続けば、お客さまからはクレームが来て、ひいては長府工産の信用にも傷がつく。

そういうとき伊奈は、冨永たち営業マンにこう言うのだった。

「そういう俄か営業の販売店さんのことは我々がフォローしないといけない。そういう会社に行って、『住宅設備業はアフターサービスまで入り込むから1回取り付けたら10年先に入れ替えもあるし点検も修理もある。お客さまを大事にされた企業が生き残りますよ』とお伝えしてきなさい」

つまり長府工産の営業マンは、一つの販売店の経営の方向性を変えることもあった。売り方が分からない販売店に対しては、長府工産からいろいろな提案をすることもある。「こういう売り方ができます」「この地域のお客さまはこういうニーズがありますからこの商品がお薦めです」等々。

その繰り返しの中で販売店の売上が伸びれば、その会社の将来は明るくなる。

だから伊奈が強調する「ありがとう」は社内だけでなく、営業マンと販売店の関係にもつながっていく。販売店からの「ありがとう」が増えることは、業界全体の明るさの象徴でもあるのだ。

学びあっていこうという動きは、一社内に留まったら「運動」でしかない。けれど業界全体を見据えた取り組みになると、それは「文化」となる。冨永がしばしば語る「文化」という言葉には、そういう重みがあるのだ。

自信につながり飛躍する営業活動

その「文化」が育ってきた結果、長府工産の営業部門にはどんなことが起きているか。営業マンたちはどんな営業成績を上げるようになったのか。

冨永はこう語る。

「販売店さんにとって何がいいのかというスタイルで勉強会を開いてきた結果、私たち営業マンは販売店さんの懐に入りやすくなり営業はやりやすくなりました。

扱う金額も鰻登りです。私が大阪市内の一部地区を担当していた２００８年には、それ以前から比べて売上は3倍から5倍に増えました。毎月４０００万円から５０００万円ぐらいの売上を出していた記憶があります。月に５０００万円は多い時ですが、平均してもだいたい３０００万円。もちろんそれは商社機能をもつようになって、扱う商品の単価が全然違ってきたからです。それまでは自社製の石油給湯機は定価20万から40万円ぐらいでした。太陽光発電システムの定価は、システムにもよりますが５００万円以上。エコキュートも定価で80万円から１００万円です。そこから長府工産全体の売上も上がっていったんです」

そして上がってきたのは売上の数字だけではない。冨永たち若手社員には、もっと誇らしいものもあった。

・環境課題に胸を張れるビジネス

「大阪市内の一部地区を担当していた当時から、石油給湯機はなかなか出なかったんです」

冨永が２００８年当時を振り返って言う。

「市内のお客さまにどういうものが求められるかというと、その当時からエコキュートであったり太陽光発電であったりと、環境に優しい商品が求められていました」

すでに第2章で述べたように、地球全体の温暖化問題を解決するための京都議定書は１９９７年に採択され、２００８年から２０１２年までの5年間で温室効果ガスを少なくとも5％削減することが先進国には求められていた。

霞が関の監督省庁からも「CO_2削減」が求められ、各メーカーからも再生可能エネルギーやオール電化商品がたくさん開発された。

そういうなかにあって冨永は、「石油給湯機は特に都市部では勧めづらかった」と言う。ところが商社機能をもってから、世界の「地球温暖化防止」や「環境に優しい」という流れに沿った商品を扱えるようになった。新しく市場を作っている再生可能エネルギー関連の商品を扱うことで、

「やってることに間違いがないという自信をもってお取引先さんにおうかがいができた」

冨永は語る。その安心感が営業マン全体に広がって、

「皆どんどん成績が上がっていったんだと思います」

と言うのだ。

さらにこうも言う。

「何よりも地球環境に対して優しい商材を扱えているということが明確になって、自信もって販売店さんに行けるということだけでなく、プライベートでも影響がありました」

この頃ちょうど冨永は結婚して子どもが生まれた。

妻にとっても、夫が何を売っているのかということは興味がある。もちろん石油給湯機を扱うビジネスが恥ずかしいというわけではないが、メディアからさんざん流される「地球環境破壊」のニュースを見れば、それを加速するビジネスがかっこいいわけがない。

冨永が言う。

「うちは上場企業ではありませんし、世間ではそれほど有名な企業でもありません。だからこそ夫や父親が何をやっているのかは、家族にしてみたらすごく気になると思います。

その時明確なコンセプトを持って環境に優しい設備機器を扱ってるんだということが言えたら、安心じゃないですか。一営業マンとしても、自分はこういうビジネスをやっている、こんなふうに地球に優しい商品を扱っているんだよというのは、妻にも息子たちにも自信を持って言うことができます。父親としてしっかり誇れる会社でよかったなと実感しています」

・家を大切にする子どもたち

その結果、冨永家では家族の中で長府工産の仕事はどうとらえられているのか？　特に幼い子どもたちは、父親の仕事をどう思っているのだろうか？

冨永が言う。

「子どもは現在小学6年生と5歳なんですが、父親が仕事を大事にしているということは分かってると思います。例えばニュースとかで太陽光発電という言葉が出ると、それは父親がやってる仕事だというふうに理解しているようです」

ちょうどインタビューの数日前に、NHKで「太陽光発電の環境問題」のことを放送していたという。たまたま家族でそれを見ていると、お兄ちゃんが「学校でも太陽光発電のことを習うよ」と語りだした。環境問題と太陽光発電というキーワードは、小学校でも扱うテーマだ。NHKのその特集を見ながら、「お父さんの仕事はこういうことなんだね」とうれしそうに言ったという。

「実際にはその番組は太陽光発電のプラントの話だったので、大規模な太陽光の話だったのですが、私の仕事が何を扱ってるかっていうのは分かっていてくれました。それはうれしかったです」

そしてそういう興味関心を通して、冨永家では男の子二人が特徴的な行動をするようになった。

「上の子も下の子も、父親が住宅に関するものを扱ってるんだということは認識してるんです。だからいい面で言うと、家を大事にします。傷つけないようにするし、掃除なんかも手伝ってくれます。基本的に家っていうのは大工さんが造ってくれる。私のような人が設備機器を入れる。そういうものを長持ちさせないといけない。快適に過ごせる家の環境は、人の手で作ってるんだということを認識しているんでしょう。父親が扱っているのは太陽光とか蓄電池とかエコキュートだよという話もしましたけども、その他にもガスとかキッチンも扱っている。お父さんは家に関するものを扱ってる会社にいるんだということを、二人で理解してくれているようです」

冨永は仕事上数多くの現場を回っている。その折々に現場監督や工務店の職人さんたちといろいろ話し込む。

そのことを家に帰って団欒の時に息子たちにも話す。家を建てる時の思い。問題点。課題点。最近の建築界のニュース等々。そういう職人さんたちが、家を造るときに物すごく熱い思いを込めているということが子どもたちにも伝わって、「家を大切にする」という行動につながっているのではないか、と冨永は言う。

「まあ、男の子なんでやんちゃでもいいんですけれども、家に傷はできるだけつけんようにしてるみたいです」

営業マンとしても父親としても、このリアクションがうれしくないはずがない。

・すごいね長府工産は

さらに言えば、冨永家で長府工産への評価が高いのは子どもだけではない。

冨永が照れくさそうに言う。

「実は私の弟が一部上場の会社に勤めているんですけれど、身内の話をすると恥ずかしいですが、弟に会社の話をすると『すごいね長府工産は』と言ってくれるんです。弟も家族がありますが、弟の会社は大きいですから子どもから見たら『お父さんがどこで働いているか、何をしているのか』が分かりやすいだろう、誇りに思っているだろうと思うんです。でも弟は逆に長府工産のことをすごく羨ましく思っているようです」

その評価の理由は、第3章で語った社員に対しての手厚い福利厚生のこととか、「社員を幸せにする会社」というコンセプトであったりもするようだ。

例えば2020年に世界を震撼とさせた新型コロナウイルスへの対応一つとっても、伊奈が率いる長府工産の打つ手は早かった。

まだ「アベノマスク」の話題も出ない頃から、伊奈は事務員にこう指令を出した。

「社員全員とパートさんも含めて一人50枚のマスクを配ろう」

もちろん費用は会社もち。当時はマスクが逼迫しつつあるところだったから、一枚100円と値は張ったが、一人50枚のマスクが確保された。これだけで社員は安心して働くことができる。

あるいは大阪支社の従業員が、子どもの学校が休校になったので会社に出てこられないという相談があった。すると伊奈は、「小学生の子どもがいる人は休んでいい。欠勤にはしない」と決めた。

そういう非常時での対応がすばやく、しかも常に「社員にいい処遇を」と徹底しているから、安心して働くことができる。

ひいてはそれが仕事の成果にも現れて、取引先からの信頼や評価にもつながるのだ。

冨永の弟さんから見ると、そういう細部に長府工産の「働きやすさ」はある。これだけでなく、まだまだあるのだ。

・マイナスの転勤はない

営業マンである冨永たちにとって、避けて通れないのは「単身赴任」や「転勤」だ。ところがここにも、長府工産には営業マンを奮い立たせる「仕掛け」が施されている。こういう点も、弟さんには「信じられない待遇」なのだろう。

例えば家族を伴っての転勤や転居であったとすると、年に二回の家族全員分の帰省手当がでる。「リフレッシュ休暇」という名の長期休暇もあり、家族とのプライベートの時間を充実させることができる。ほとんど伊奈が社長に就任してから整えられた制度だ。

単身赴任には、月に一回は帰省手当てが出る。最近では有給休暇も年に五日は必ず取るように政府も奨励しているが、長府工産ではそれ以前からその制度があった。大型連休を利用して、帰省しやすい風土もある。

そもそも長府工産では、マイナスの転勤はない。成績が上がらないから見せしめのように地方に送られたり、何年経っても家族がいる下関に帰ってこられなかったりということは基本的にはない。

転勤するとしたら、新入社員が成長して一つステージを上げるときとか、将来の幹部候補生としてほかの拠点を見ておかないといけないときとか、事業所ワークを覚えておくためとか、低迷する支店に行って力を発揮してほしいときとか、常になんらかのプラスの理由があって転勤辞令が出る。

「転勤の辞令が出ても素直に『行きたい』『チャレンジしたい』と営業マンが言えるような制度やシステムを揃えていることが、長府工産の営業マンの頑張りの源泉です」

と冨永は言う。そしてそのことが分かるから、弟さんも「羨ましい」と素直に言うのだろう。

本章の冒頭から記している「規格外の働き」も、「顧客からのありがとうのためならなんでもやる伊奈イズム」も、「手厚い制度」「日本一働きやすい環境がある」という安心感と信頼があるからこそだ。それらがあるからこそ、社員は仕事の労をいとわないのだ。

冨永が言う。

「それはもう営業としてはありがたいところです。社員が安心して働ける環境を作ろうという伊奈社長の思いが一人ひとりにとても伝わってきます。家を買ったら持ち家助成金が出ますし、職能手当を創設して一層、成果が評価されるようになったし、家賃補助なども改定してくれました。すべては働きやすさ、頑張りの源泉です」

・低い離職率

若手社員の退職率を尋ねても、「3年で3割離職」といわれる全国平均値よりははるかに下回っているという。

「伊奈社長は『自分の実力をつけよ』とよく言われます。新卒者にも中途採用者にも言われるのは、『就活は幸せ探し』ということと『この会社で実力をつけろ』ということ。例えば社員が違う会社に転職しても『しっかりと求められる人材になりなさい』と社長は言います。自分の実力をつけて、仮に長府工産とは別のところで幸せを探したいと思っても、しっかりとやっていけるような実力をつけなさいとよく話をされています」

すでに述べたように、伊奈は入社してくる社員に対して「最後までこの会社にいて」とは言わない。35歳までに成果が出なければ、「他社に移ったほうがいいのではないか」と話をすることもある。

だが第3章で紹介した工場の女性工員の言葉のように「こんなに待遇のいい会社を辞めたくない。出産したらまた戻ってきたい」というのが若手社員の本音だ。

その事実もまた、若手社員の早期退職が問題になる市場を知っているだけに、冨永の弟さんからは「脅威的」と思われるのだろう。

だがすでに述べてきたように、長府工産は「楽園」ではない。会社として可能な限りの環境は整えているけれど、それは社員を甘やかすためではなく、自分の能力ぎりぎりまで働いてお客さまに満足していただくという厳しいルールの裏返しだ。

そしてその能力とは、営業成績に象徴されるような「数字」だけではない。

実はもう一つ、「お客さまに最も頼られる会社」であり、「お客さまからありがとうと言われる会社」であるための、非常に高いレベルのハードルがある。

それこそが、長府工産の最大の特徴と言ってもいいのかもしれない。

それは数字には現れない、極めてセンシティブな尺度だ。

人間性が問われる会社

「社長本人も含めて、うちの会社で本当に見られている、評価されている部分というのは人となりみたいなところじゃないでしょうか」

そう語ってくれたのは、東北支社に務める伊奈義紀だった。

その名で分かるとおり、義紀は伊奈の実の息子、長男だ。家庭と職場で、義紀は冷静に父親であり社長でもある紀道のことをみている。こう続ける。

「長府工産が社員を評価するのは、営業実績とか管理能力とかだけではありません。仕事自体にその人の人間性が現れる。その人がどんなに実績を上げても、仮に人間性に問題があったらそんな仕事は絶対続かないし組織にいい影響を与えない。そういう尺度で見られている気がします」

例えば第3章で山本が述べたように、「社内の庭に雑草が生えていたらなぜむしらないのか？」「社長でもトイレのタオルを付け替えているのは当たり前」「社屋の掃除も社員全員でやってピカピカにして当たり前」「トイレ掃除や雑草むしりを全力でやる会社員が、自分の仕事をいい加減にやるはずがない」という「思想」が、長府工産には脈々と流れている。

それは本章の冒頭に記した「徹底してお客さまに尽くす営業スタイル」とか「お客さまのありがとうに対して敏感になる」「販売店と一緒に勉強して力を磨きあう」ことと、まったく同じ文脈で語られている「文化」だ。

義紀が続ける。

「結局長府工産は、人間として礼儀がしっかりしている、心がしっかりしている。そういう人を作ることが目標なのかと思います。心なんて深い言葉は宗教じみていて嫌なんですが、父は基本的に合理主義者なので、合理的な意味で人のあり方を見ている。そういう人であれば安心して任せられる。失敗したって必ず改善してリカバリーしてくる。一時的に成果が上がっても心ができていない人だったらその仕事は継続しない。逆に組織に悪影響を与える。そういう見方をしているような気がします」

長府工産での評価は、目先の成果だけにとらわれない。短期的にはうまくいかなくても、きちんと処遇される。働くことで一人ひとりが幸せを追求できる。

そういう社風の中で働きやすい環境を整備する。

それは逆に言えば、単純に「営業で数字を出せ」と言われることよりも厳しい。働きながら「人格を磨け」と言われているのだから。

けれど伊奈は若い頃からわが身を通してそれを実践してきた。

仕事は人格だ。その結果は人としての生き方の現れだ、と。

「その証拠に――」と、義紀はこう付け足した。

「私はよく他社の人から『父親と一緒に働いていてやりにくくありませんか？ プレッシャーはありませんか？ 他の社員から色眼鏡で見られませんか？』と言われます。ところが本当に、この会社の人は私と父親の関係なんてこれっぽっちも考えない。私の上司は普通に厳しいし、同僚からもそんな目で見られたことはありません。すごく社員の皆さんがシンプルで、ピュアにそれぞれの仕事に向かっている。そんなに暇じゃないんだ俺たちは、みたいな感じというのかな。そんな親子関係なんていちばんくだらないとみんな思っているのでしょう。お蔭様ですごく気持ちよく仕事させてもらっています。そういう合理的なところは父親の影響でしょう。社員の皆さんに脈々と受け継がれている。そういう人がこの会社に集まっているのかもしれないですね」

誰からも頼られる「ファーストコールカンパニー」を目指す厳しい社風は、実は安心して働ける環境づくりを土台にしたものだ。そしてそこで求められているのは「人間性」だ。一部上場企業や大企業の社員でも羨むほどの労働環境の中で、実は厳格に「自分を磨く修業」をしているのか否かを見極められているという長府工産の文化。

およそ40年の社歴の中で、現在の長府工産の文化が求める理想の社員像はとてつもなく崇高だ。

そしてその崇高さに対して、伊奈は驚くべきインセンティブを用意している。

最後の章では、その驚愕の事実を述べていこう。

第6章

会社は誰のものか?

――全員株主という理想

会社は誰のものか？

ここまで述べてきた伊奈紀道がリードする長府工産の経営スタイル。

それは次のような言葉で表される。

「社員ファーストの経営」～経営判断で迷うことがあったら「社員にとってどちらがいいか？」を判断基準とする。福利厚生や給与体系にもできる限りの配慮を施す。

「雇用を死守する経営」～市場の変化に対応できずに赤字となってしまった製造部門。けれどその部門の「強み」を活かした新商品開発に挑戦し、あくまでも社員の雇用を死守する。

「働く環境を最大限整備する経営」～マイナス評価の転勤なし。単身赴任者にも月に一回の帰省チャンスを。社命で転勤したすべての社員に年二回の帰省手当てを等、社員が全力で働くための環境整備にかけては上場会社の社員も羨むほど。

といった社員にとっては「楽園」とも思える施策がたくさん実行されている。

とはいえその裏には、「35歳までに芽が出なければ他社でのチャンスを模索したほうがいい」とする非情さもある。働いて家族を幸せにしたいとか出世したいとか成長したいという「向上心」のない人は「長府工産は辞めた方がいい」と常に言う。仕事を頼まれたのにすぐにやらない人、あるいはやれるのに怠けている人、自らやろうとしない人などは、伊奈の逆鱗に触れることもある。甚だしい場合は、「社長お疲れさまです。この前はコロナ対策のマスクの配布をありがとうございました」と、支社に出張に来た伊奈のところにやってきて挨拶した社員に「そんなことは言う必要ない！」と怒ったこともある。「マスクは会社が配布したもの。俺は役割として社長をやっているだけ」と考えているからだ。

理屈は通っているが、なぜ怒られたのか？　社員には分かりにくかったはずだ。

そういうことまでもトータルに考えて、長府工産の伊奈紀道の経営スタイルをなんと表現すればいいのか？　伊奈は何を目指してこの経営スタイルを貫いているのか？

そのことを端的に言い表す言葉と、伊奈のインタビューで出会った。

東京、横浜、下関、そしてZOOMでも行った数回のインタビューの最後に、伊奈はこう語った。

「考えているのは『会社は誰のもの？』ということなんです。それをずっと考えてきました」

伊奈が追い求めている「会社は誰のもの？」という問い。

それは一見簡単そうだが、その解を導くのは経営学的にも難しいテーマだ。

・バブル経済をもたらした旧日本式経営

長府工産が掲げた「会社は誰のもの?」という根源的なテーマ。

その今日的な解を語る前に、その前提となる現在の世界環境とビジネス界の状況を俯瞰してみよう。

かつて60~70年代の高度成長を生み出した「日本式経営」では、「社員は会社のもの」だった。社員は一度入社すれば「終身雇用制」に守られて一生その会社に尽くし、「年功序列」のシステムの中で収入も(欧米の企業と比べたら相当低額だが)一生保障された。多くの社員は社宅に住み、上司や同僚の家族と隣接した住環境をあてがわれた。一見社会人として生きやすい環境にも思える。

だがそこには「反作用」もある。

会社に生涯を捧げ日常的にも社宅に住む以上、夫が会社で上司に尽くすだけでなく、妻もまた社宅で上司の妻に尽くさなければならない。そのヒエラルキーは子どもにまで及び、学校でも上司の子どもには頭が上がらないという悲劇も少なくなかった。家族が死ねば葬式の一切を会社の部下が仕切り、夏休みや冬休みも会社の保養所で上司や同僚、部下の家族たちと過ごす。給料もボーナスの額もお互いに「分かって」いて、乗っている車（入社時はキャロル、スバル、中間管理職になるとコロナ、サニー、出世するとスカイライン、役職になるとセドリック、社長になるとクラウンなど）で会社でのポジションも収入状態も一目瞭然。スーツの胸につけた会社のバッヂが何よりの「忠誠の証」だったのだ。

その単一価値的な思考は日本の国づくりにも言える。

この時代には、「幸せ」をつかむには「上り列車に乗る」という「方程式」があり、地方からの集団就職列車で多くの若者が都会（＝中央）へ送り込まれた。

それを可能にしたのは明治維新以降150年間（唯一第二次世界大戦の末期を除いて）、ずっと右肩上がりで人口が増加した、世界的に見ても希有な国家構造にあった。

日本政府は「人、モノ、金、情報」のすべてを一度「中央＝東京」に集め、そこから地方にばらまく（例えば地方交付税交付金）「一極集中政策」を採った。その象徴がサラリーマンの源泉徴収システムであり、戦後俄かに奨励された持ち家制度によって生じた「住宅ローン」だった。戦後アメリカは自国にない「源泉制度」に反対したというが、当時の大蔵省は頑として受け入れずにこれを採用した。その結果サラリーマンはなけなしの給料から本人が意識しないうちに納税させられる。「鶏小屋」と揶揄された小さな住宅を手にした庶民は、否応なく住宅ローンを毎月銀行に納める。

この「人口構造」と「一極集中政策」、そして企業の「日本式経営」があったがゆえに、この国は戦後の奇跡の復興を果たし、人類史に残る高度経済成長を記録する。70年代末期にはアメリカの学者から「ジャパン・アズ・ナンバーワン」の称号を頂き、国土約25倍のアメリカ本土と日本列島の地価総額はほぼ等価と言われたものだ。

ところが90年を境にバブル崩壊でこの方程式が瓦解する。

次に生まれたのは、欧米の強大な資本を背景とする「新自由主義」であり、「会社は株主のもの」という新たな図式だった。

日本がバブルに沸いた80年代、経済的にどん底だったアメリカはITやデジタル技術に若い叡知を集め、次の時代への布石を打つ。95年のウィンドウズショックを境に情報技術が経済界の「寵児」となり、同時期に軍事技術として生まれた「インターネット」が新たな社会インフラとなって全産業界を飲み尽くした。

GAFAM（グーグル、アマゾン、フェイスブック、アップル、マイクロソフト）に象徴される新興企業が次々と世界を制覇し、その創業者や株主は超資産家となって世界経済を牛耳る。経済格差はますます広がり、「自由経済」「経済民営化」を前提とする「新自由主義」が世界の主流となる。

今や企業は株主のものであり、株主は企業を成長させ、あるいは有望なベンチャーに投資して「市場で高値で売却」して暴利をむさぼる。そこでは社員の生活も雇用も軽視される。あるのは株主の「欲望」だけだ。行き過ぎた資本主義は地球環境を決定的に悪化させ（地球温暖化、資源の枯渇、原発による放射能汚染、感染症の蔓延等）、経済格差を絶望的に広げ、先進国の富のための負の遺産（例えば排出されるCO_2や過酷な労働）を貧困国が背負うという図式を作る。

だからといってグローバル化した世界経済において、企業経営は古き日本式には戻れない。かつてのような「日本式家族経営」に郷愁は感じても、そのスタイルを採った瞬間にその企業は市場から淘汰される。

だが伊奈はこの経済状況とビジネス環境においても、「社員ファースト」を唱え「雇用を死守」し「労働環境の整備」を自らの課題とする。

それは一見すれば矛盾に他ならない。普通の経営者なら、「そんな両立は無理」と歯牙にもかけないだろう。

だが伊奈は、その壁に敢然と立ち向かった。そこを乗り越えるために！
そこで伊奈はどういう経営方針を採ったのか？
それは旧来の日本式経営でもなく新自由主義の方式でもない。
まさにオリジナルなもの。
その分だけ、その登場時点では社員たちも「あっ」と驚く奇策だった。
伊奈が採った「会社は誰のもの？」の解になる方法とは——。

会社を自分のものだと思うために

井村はその時のことをこう話す。

「２０１７年の春の全社会議の時だったでしょうか。いつも伊奈社長の年度の方針スピーチがあるのですか、その時突然『全社員に10万円分の自社株を持っていただきます。会社から支給します』という言葉が出た。もちろん私は前もって聞いていましたが、そこでは反対していました。だってそんな企業は聞いたことありませんから。でも伊奈社長はやると決断して社員に宣言した。とても驚きました」

伊奈から出された「全社員に10万円分の株式200株を支給する」という宣言。そこには「入社2年以上の者」という条件はあったが、「正社員もパート社員も」と続いた言葉に、全社員は唖然とした。その時伊奈はこう言った。

「会社は社員全員のものだ。だからパート社員を含めて社員全員に10万円、200株を支給する」

その当時の社員は200人弱。その年に入社した社員も2年経てば全員が持つようになる。一度始めたら、途中で経営状況が悪くなったといってもやめるのは難しい。だから井村は、「そんな聞いたこともない施策はやめましょう」と、事前に相談を受けた時に言ったのだ。

けれど伊奈は、「ぜひやらせてくれ」と主張を下げない。

しばし二人の議論は続いたが、「そこまでおっしゃるなら」と井村も折れて、伊奈の意向を飲むことにした。

それにしても伊奈さんは本当にやる気なのか――？

半信半疑だった井村は、伊奈が全社会議で発表したときに、やはり驚きは隠せなかった。井村が続ける。

「もともと伊奈社長は経営方針の一つに『公正公平』と言われていて、3月末に期末賞与を出す時に利益を社員全員でわかちあおうということで、従来ある営業利益の一部を基本給に応じて均等割りする施策を継続しています。でもそれだけでは社員が本当に会社を思う気持ちには至らないということで、『自分が株主になれば会社は自分のものという発想になるんじゃないか?』と考えられたのです」

――会社を自分のものだと思え。

まさにそれは、伊奈が長年考えていた「会社は誰のもの?」という問いに対するあまりにもストレートな答えだ。

古い日本式経営ならば、「終身雇用制」と「年功序列賃金」で「社員は会社のもの」だった。所有物だから守られるが、そこには「プライバシーなし」「価値観の強制」という反作用が生まれる。当然、今このやり方を採ったら市場からは相手にされない。

かといって「会社は株主のもの」という新自由主義的な経営では、社員の労働環境は守れず、不採算部門に働く社員の雇用は維持できない。

そこで伊奈は考えて、

「社員全員を株主にすればいい」

という、ある意味で「奇策」を思いついたのだ。それは「会社は社員のもの」という斬新なテーゼを、目に見える形で表現する施策だった。

入社2年目以降の正社員と就業時間が6時間以上のパート社員全員に、会社がもっている自社株を10万円分支給する。それは株主総会での議決権のない優先株で、経営に参画できるわけではない。けれど利益が上がれば「配当」はある。だから社員は株主という名の「経営者」になり、給与、手当、ボーナスの他に「配当」も得られる。

これまで書いてきたように、長府工産は福利厚生も給与体系も労働環境も大手企業に負けず劣らずすばらしいレベルにある。さらにそこに加えて、「全員株主」というありえない待遇を社員に与えたのだ。

すべては全社員に、「会社は自分のもの」という解をもってほしいために。

この奇策を採ったことについて、伊奈はこう語る。

「社員全員に自社株を支給する施策は思いつきではないけど、めちゃくちゃ深い考えがあってそこに至ったというわけでもありません。『会社は誰のもの？』という問いに、現在の経済界では『株主のもの』という答えが主流です。ならば『社員全員が株主になればいい』。そうすれば『会社は社員全員のもの』となるじゃないですか。

他社でも、社員に株式をもたせているところはたくさんあります。社員持ち株会は普通にある。でもこの方式には先行するロールモデルはないんです。他社のやり方を真似たり参考にしたりしたわけじゃない。長府工産でも社員持ち株会は昔からあって、取締役や経営幹部ら少数の人は自社株をもっていました。でも全社員に株をもたせる、しかも社費で支給するというのは他にもあるのでしょうか？　私は知らないですね」

もちろんこの施策にも伏線はあった。

社員持ち株会がある長府工産では、以前から毎年4月に自社株購入の希望を募り、入社2年以上が経過した社員は申し込めた。その制度は当然希望制だから、申し込んで買う社員もいれば何年在籍していても買わない社員もいる。

これではせっかくの持ち株制度も、伊奈が望む「会社は社員のもの」とはならず、資金力がある社員のみが購入する「資産づくり」になってしまう。

「ならば会社が一人10万円を提供して全員に自社株をもってもらおう。入社から2年以上経っている人はとりあえず10万円分200株の株主になる。それをきっかけに全社で『会社は社員のもの』という雰囲気を生み出そう。さらに出資をしたい人は自社株を買い足せばいい」

伊奈はそう考えて、「即実行」したのだ。

さて、その成果はどうだったろうか。

社員に問うと、みな一様に「びっくりした」と言ってこう語ってくれた。

社員の驚き

大阪支社長、冨永はこう振り返る。

「あの宣言の時は私はもう部長職でしたので、一言で言えば『すごいな』。自分は本社の営業部長をやってましたので、伊奈社長の思いを全従業員に、本社の人間全員にきっちり伝えないといけないなと思いました。パート社員の方に対してもです。パート社員でも2年在籍された方には全員支給ということでしたから、会社を皆で支えてるんだという伊奈社長の方針を徹底しようと思いました」

それ以前からあった社員持ち株制度では、株の持ち分は1％未満というルールがあった。社長でも5％以上持たない。つまり特定の人間（たとえ社長会長であろうとも）が独占的に株式を持てない仕組みがあったのだ。さらにここでより広い人たちに、少数だが株式を持たせた。広く浅く株式を持ち合って、「会社は自分たち全員のものなんだ」という方針を徹底したいのだと、冨永は伊奈の思いをくみ取った。この自社株の支給は「会社全体を皆で支えていくということのメッセージだ」と理解したのだ。

・社員たちの様子

ではその伊奈のメッセージに対して、社員たちは当初どんな反応だったのだろうか。

冨永は振り返る。

「最初はみんな驚いて、『なんで？』っていう思いでした。会社が資金を出すっていうが、理由が分からない。そのときに、当時別の大手の企業からうちに転職してきてリーダー職になったばかりの一人の人間が、『すごい会社ですね』と言ったのを記憶しています。『会社の資産である株を無償で全社員に渡すことは会社の人間を信用しなかったらできないですよね』と言ったことをすごく覚えています」

伊奈からの発表があったあと、各拠点の長（支社長、部長等）から配下の社員にはその施策の意味と社長の思いが伝えられた。冨永は、「言えるのは『ありがとうございます』の言葉しかないだろうけれど、会社はみんなのものなんだ、パート社員含めて全員のものなんだ」ということを繰り返したと言う。

社員の脳裏にまず広がったのは、給与とは別に年に一度業績に応じて配当収入があるということだったのではないかと冨永は言う。そのことを踏まえて、「自分が経営者的な視点でしっかりしないと」という思いが生まれたはずだ。

現段階では社員全体のモチベーションはすごく高い、と冨永は言う。常にモチベーションの高い人間が残っていくと思っている、という言い方もする。

第5章でも述べたように、営業部員はお客さまから「ありがとう」をいただくために、必死になってさまざまな提案をする。するとお客さまから「ありがとう」をいただき、また次の提案につなげる。そのルーチンの中で、必然的にモチベーションは高くなる。その裏側を支えるために、会社は福利厚生や給与、待遇面で安心して仕事に向かえる施策を採ってくれる。しかも業績も、見えない部分での働きもしっかりと評価してくれる。

その最終形が「社員全員株主制度」だ。

冨永が言う。

「伊奈社長のもとでまだまだいい会社に変わっていけるんだろうなという希望はあります。それが文化になって、5年後10年後にもっといい会社になっている。もちろん市場は変化しますからその時どんな商品を扱ってるかは今は見えないとしても、しっかりとそういう文化があって、そういう営業手法があって、販売店さんから『ありがとう』と言ってもらえるようなことをやれていれば、どんな商材を扱っていても生きていける。安心だなという気持ちはあります」

・あくまでも貪欲な伊奈

ところが。

この施策に対する社員の変化にいま一つ納得していないのがほかでもない伊奈自身だ。冨永の言葉だけでなく、本書で述べてきたように長府工産の隅々にはしっかりと「伊奈イズム」が浸透しているにもかかわらず、伊奈は不満げだ。あるいはそれはポーズなのだろうか？　照れ隠しなのだろうか？　こう語る。

「全員株主になったあとの社員の変化ですか？　私は顕著な変化は感じていないな。もちろんやる気が出た人もいるでしょう。でもあれから3年経つけれど、最初に支給した200株10万円会社が用意した分だけでずっときている人もいる。その後自己資金を出して上積みしてきている人は今140人くらいです。全社員で約220人、その中にはまだ入社2年経っていない人もいるから、その人たちを除けば全社員の80パーセントくらいでしょうか。自社株を買い足している人は」

それだけの人が株主になるのは相当の割合だと思うのだが、伊奈はまだ不満なのだ。なぜなら伊奈は社員自社株主を増やしたいのではない。「会社は自分のもの」という意識を全社に徹底したいのだ。

「会社は誰のもの？と問うたら、自分のものですと言えるような雰囲気になっている実感はない。でもそうではないという雰囲気も感じていません。

もちろん会社の中心となる社員たちは、自信に溢れているし愛社精神もあります。ぼくの耳に入らん社員の意識の細かな変化も、何かの雑談のときや飲み会のときに幹部には入っているかもしれません。確かに最近になって、ずっとこれまで出資に応募しなかった人が、今回自費で出資をするっていうことがありました。その人には少なくとも私の考えは浸透したのかな。会社は社長のものではない。自分ら全員のものだという意識に少しでもなってくれたら本望。そういう意識でやっています」

伊奈としても、全員に強制的に株を買わせようとか、買わないやつは左遷するとか、そんな意識は毛頭ない。したがって、会社に対する社員の意識を調査検証するようなことはまったく考えていない。

ただ時々、社員の働き方に関して取引先からいい評価をもらったという話が耳に入ることがある。伊奈のことだから相好を崩すということはありえないが、それを語るときの口調からすれば、やはりうれしいのだ。企業の拡大や営業成績のアップよりも「社員の成長」を望んでいる経営者なのだから。

思い切って仕事ができる「文化」に

社員の意識の変化をこれ以上語っても、いつまでいっても納得する結論は出ないだろう。

意識は生き物だからある瞬間は高くなってもすぐに冷めるし、ある時急に意識が高まることもある。

この章では、二人の幹部社員の言葉を記しておこう。

伊奈に請われて2014年に入社した元官僚、生産部門を司る今出秀則は社員の意識に関してこう言った。

「株式を社員みんながもっている、業績が上がれば配当金もある、そういう循環の中で、経営は他人ごとではない。ひとまずそこに帰着しますよね。そういう理想を追う経営をずっと愚直にやってきたことで、一つ言えることは長府工産という会社の形態自体がすごくユニークな形になっているということです。こんな組織は日本中探してもないのではないでしょうか？

ただし、会社は自分のものという意識を社長は望んでいますが、これが徹底するのはまだもうちょっとかかる。現状ではそこまで意識は達していないと思う。目指すべきところがそこだっていうのは社長がずっと言っているから分かっていても、徹底するのとは違う次元だと思います」

霞が関の官僚として超大企業から町場の中小企業まで、日本中の会社を隈なく見てきた男の言葉だけに、その目は鋭い。説得力がある。

大阪支社の冨永は、別の角度から現在の長府工産をこう語る。

「2007年から2009年にかけて会社が赤字から黒字に転換してくる過程で、販売店さんやメーカーさん、工務店さんやクレジット会社さん等いろいろな会社さんとのつながりができました。その中でほぼこういうやりかたができていればぶれないだろうなという形ができた。逆に言えば商材が今のような住宅資材でなくても何であっても売っていける。別に押し売りするわけでも『買ってください』というスタイルでもなくて、その商材が販売店さんやエンドユーザーさんにとってメリットがあったりハッピーになれるものであって、自分たちが扱っていけばwin‐winになれる。

それと社長に作っていただいてる会社としてのバックアップ体制、福利厚生も含めて思い切って仕事ができる体制が『文化』になれば、『10年後も大丈夫』って言えてるだろうと思ってます」

そして10年後にも社員全体と組織全体にこの緊張感が持続しているならば、「この会社は社員全員のものです」と言えるはずだと――。

冨永は「文化」という言葉を使って、伊奈が掲げる高邁な理想への思いをそう表現した。

まだまだはてしない歩みではあるけれど――、伊奈にはそのゴールがしっかりと見えているのだ。

エピローグ

「コロナのＰＣＲ検査が陽性で、横浜市内のホテルに隔離されていました。やっとホテルから出られました。返信遅くなりすみません」

本書執筆の最中、長府工産の取材対象者からこんなメールが届いた。

――コロナが出てしまったか。

それが残念なメールであったことは間違いない。

ある日一日営業車に同乗していた同僚が翌日発熱し、ＰＣＲ検査したら陽性だった。慌てて自分も検査してみると、発熱等の症状はないが嗅覚がほとんど利かない状態になり、やはり陽性だったという。関東を中心に東北や北海道まで飛び回って営業を続けている人だから、感染してしまったとしても仕方ないかというのが最初の感想だった。

本書でも書いたが、長府工産ほど新型コロナウイルスの感染拡大に対して、いち早くしかも手厚く対応した会社はほかにはないと思われる。

２０２０年４月の段階で閣議決定され、世間で揶揄された「一世帯にたった二枚配布」というアベノマスクより早く、長府工産では総務部が必死になってマスクを買い集め、全社員を対象に50枚が配られた。

幼い子どもを持つ人は、社員でもパートでも学校閉鎖の間子どもの世話のために休んでいいという指令も出た。何日間休んでも有給ではなく１００％出勤扱いだから、他の休みがなければ皆勤手当も出る。

会社では早い段階でオレンジ色の紙が用意された。この紙に書き込めば、コロナ関連の理由での遅刻も早退も休暇もすべて出勤扱いとなる。

接触が疑われたり症状が出たりした社員と家族は、すべて会社経費でＰＣＲ検査が受けられ、そのための時間もすべて出勤扱いだった。

冒頭で紹介した社員の家族は幸いにも陰性だったが、彼は発熱はなくても保健所の指示で10日間ホテルに入れられ、その後さらに一週間の休暇を指示された。

彼はこう語る。

「保健所で見聞きしていると、他の企業だと10日間の隔離の直後から出勤となるようでした。日本ではそれが当たり前のようですが、欧米だともっと長い間隔離されているようです。大丈夫なのでしょうか？」

彼が勤務する横浜支店では、冒頭の社員が発熱した翌日に、医療関係に勤めるその社員の妻が防護服を着てやってきて、社員全員にPCR検査をしてくれた。全員三日間休ませて、以降は基本的にリモートワークも導入している。

もう一人陰性だったが濃厚接触者だった社員は会社がマンスリーマンションを借りて隔離生活を2週間。もちろんすべて出勤扱いだし、費用はすべて会社もちだ。

冒頭の陽性で発熱した社員は妻も陽性だったため、幼い子ども二人との生活が待っていた。そのため彼には一カ月間の休暇が与えられた。もちろんこれも出勤扱いだ。

また今回のコロナ禍では、感染者を非難したり県をまたいできた人を色眼鏡で見たりと、人間の心理的な弱さも露呈させた。その点は長府工産ではどうだったのだろう。

冒頭の社員はこう語った。

「これも早い段階で社内でコロナに対するガイドラインが配られました。そこにはコロナに対するQ＆Aと対応策や指示が載っていました。これを使って本社や各拠点で全員集められて上司からしっかりと説明がありましたから、みんな無闇に怖がるとか疑心暗鬼になるということはありませんでした。感染者が出てもしっかりと冷静に対応できたと思います」

伊奈からはこんな指示もあったという。

「リモートでなく営業に出向く場合は、相手がマスクをしていなければ15分の商談、していたら30分の商談で」

事実を共有しつつ細かな指示も出すところがいかにも伊奈らしい。

さらに横浜支店ではこんな対応もあったという。

2020年春の最初の緊急事態宣言の時。支店の社員とパートを含めた全24人の出勤退勤は、すべて送迎車付きとなった。ドライバーを5人用意して、遠い人は八王子あたりから乗り合わせてやってくる。

「コロナ対応のための費用はいくらかかってもいい。気にするな」

これが伊奈の指令だった。社員たちは安心して仕事につけた。

それでも今期の売上は、前年比マイナス5%程度ではないかと伊奈は言う。むしろ外出自粛やらリモートワークやらで営業経費（出張等）がかかっていないから、営業利益は前年よりも増えているのではないかとも言う。

日本全体がコロナで疲弊したが、長府工産はこうやって全社一丸となってその逆境をしたたかに乗り越えようとしている。

今回のコロナ禍では、人間もこの国も「試された」と思う人は少なくないはずだ。これまではビジネスの習慣や社会的な惰性で「当たり前」だと思っていたものが、実は必要なかったり変えた方が良かったり価値がなかったり、その「本質」が露になった。

口先だけの政治家はその行動からぼろが露呈し、政府は支持率が激減している。

企業が本当に社員を大切にしているのか否かもその一つだ。どんなに体裁を繕っていても、コロナ禍にもかかわらず出勤を強制したり売上減により給与を下げたり、それまでの待遇を維持できない企業も少なくない。

すべての社会現象がコロナに炙られて、「本当は何を大切にしているのか」がバレてしまうケースがぼろぼろ出ている。

だからこそ私は、本書の最後にコロナ禍における長府工産の対応を書きたかった。

長府工産は、コロナだから特別な対応をしたのではない。普段から何があっても「社員ファースト」の経営だから、コロナにも余裕を持って対応できる。

それは行動だけでなく精神的な面にも及ぶから、感染してしまった社員を白い目で見ることもない。休みをもらった社員をうらやんだりやっかんだりすることもない。

誰もが会社から大切にされ、誰もが全力で働いているとお互いに納得しているから、この難局も一丸となって乗り越えることができる。

その姿こそまさに、「社員の幸せを創る経営」。

もちろんそれはまだ道半ばではあるが、伊奈紀道と全社員200数十人のチャレンジは今日も続いている。ことさら肩に力を入れるわけでもなく、かといってひとときも怠けることもなく。

いつの日か振り返れば、そこに日本のビジネス史に残る「大きな奇跡」があった。

そんなふうに思う日が、近い将来くるのではないか。

私はその奇跡に遭遇するのを、楽しみにしている。

本書執筆に当たりましてお世話になりました伊奈紀道氏、およびすべての社員の皆さま、関係者の皆さまに感謝いたします。

2021年2月4日、史上最も早く春一番が吹いた日に。　神山典士

著者プロフィール

神山典士（こうやま のりお）

ノンフィクション作家。1960年埼玉県生まれ。信州大学卒業。

1996年『ライオンの夢 コンデ・コマ＝前田光世伝』（現「不敗の格闘王前田光世伝」祥伝社黄金文庫）で小学館ノンフィクション賞優秀賞。

2012年『ピアノはともだち 奇跡のピアニスト辻井伸行の奇跡』（青い鳥文庫）が青少年読書感想文全国コンクール課題図書選定。

2014年「佐村河内事件報道」で第45回大宅壮一ノンフィクション賞（雑誌部門）受賞。

著書に『知られざる北斎』（幻冬舎）、『成功する里山ビジネス』（角川新書）等多数。

本書についての
ご意見・ご感想はコチラ

社員の幸せを創る経営

2021年3月17日　第1刷発行

著　者　　神山典士
発行人　　久保田貴幸

発行元　　株式会社 幻冬舎メディアコンサルティング
〒151-0051　東京都渋谷区千駄ヶ谷4-9-7
電話　03-5411-6440（編集）

発売元　　株式会社 幻冬舎
〒151-0051　東京都渋谷区千駄ヶ谷4-9-7
電話　03-5411-6222（営業）

印刷・製本　瞬報社写真印刷株式会社
装　丁　　都築 陽

検印廃止

Printed in Japan
ISBN 978-4-344-93222-7　C0034
幻冬舎メディアコンサルティングＨＰ
http://www.gentosha-mc.com/